Ler e escrever na escola

SOBRE A AUTORA

Delia Lerner. Investigadora em didática da leitura e escrita e em didática da matemática. Professora do Departamento de Ciências da Educação da Faculdade de Filosofia e Letras da Universidade de Buenos Aires.

Em língua portuguesa, tem publicado pela Artmed Editora: *A matemática na escola: aqui e agora* (1995); com Parra, C. et al. *Didática da matemática: reflexões psicopedagógicas* (1996) ; com Palacios, A. e Muñoz, M. *Compreensão da leitura e expressão escrita: a experiência pedagógica* (1998).

L616l Lerner, Delia
Ler e escrever na escola: o real, o possível e o necessário / Delia Lerner; tradução Ernani Rosa. – Porto Alegre: Artmed, 2002.
120 p. ; 23 cm.

ISBN 978-85-7307-957-9

1. Educação – Métodos de investigação – Leitura – Escrita. I. Título.

CDU 37.012

Catalogação na publicação: Mônica Ballejo Canto – CRB 10/1023

Ler e escrever na escola:

o real, o possível e o necessário

Delia Lerner

Prefácio:

Emilia Ferreiro

Tradução:

Ernani Rosa

Consultoria, supervisão e revisão técnica desta edição:

Telma Weisz

Doutora em Psicologia da Aprendizagem
pela Universidade de São Paulo

Reimpressão 2007

2002

Obra originalmente publicada sob o título
Leer, y escribir en la escuela: Lo real, lo posible y lo necesario

Capa
Gustavo Macri

Preparação do original
Solange Canto Loguercio

Leitura Final
Fabiana Cardoso Fidelis

Supervisão editorial
Mônica Ballejo Canto

Projeto e editoração
Armazém Digital Editoração Eletrônica – rcmv

Reservados todos os direitos de publicação, em língua portuguesa, à
ARTMED® EDITORA S.A.
Av. Jerônimo de Ornelas, 670 - Santana
90040-340 Porto Alegre RS
Fone (51) 3027-7000 Fax (51) 3027-7070

SÃO PAULO
Av. Angélica, 1091 - Higienópolis
01227-100 São Paulo SP
Fone (11) 3665-1100 Fax (11) 3667-1333

SAC 0800 703-3444

IMPRESSO NO BRASIL
PRINTED IN BRAZIL

Sumário

Prefácio 7
Emilia Ferreiro
Variações sem fuga 13
Daniel Goldin
Nota introdutória 15

1 Ler e escrever na escola: o real, o possível e o necessário 17
Dificuldades envolvidas na escolarização das práticas 19
Tensões entre os propósitos escolares e extra-escolares da leitura e da escrita 19
Relação saber-duração *versus* preservação do sentido 20
Tensão entre duas necessidades institucionais: ensinar e controlar a aprendizagem 20

2 Para transformar o ensino da leitura e da escrita 27
Qual é o desafio? 27
É possível a mudança na escola? 29
A capacitação: condição necessária, mas não suficiente para a mudança na proposta didática 31
Acerca da transposição didática: a leitura e a escrita como objetos de ensino 33
Acerca do "contrato didático" 36
Ferramentas para transformar o ensino 38

3 Apontamentos a partir da perspectiva curricular 53
Acerca dos problemas curriculares 54
Construir o objeto de ensino 55

Caracterizar o objeto de referência: as práticas de leitura e escrita 59
Explicitar conteúdos envolvidos nas práticas 61
Preservar o sentido dos conteúdos 64
Os comportamentos do leitor na escola: tensões e paradoxos 66

4 É possível ler na escola? 73
A realidade não se responsabiliza pela perda de suas (nossas) ilusões (ou – Não. Não é possível ler na escola). 75
A escola como microssociedade de leitores e escritores (ou – Sim. É possível ler na escola) 79
O sentido da leitura na escola: propósitos didáticos e propósitos do aluno. 79
Gestão do tempo, apresentação dos conteúdos e organização das atividades 87
Acerca do controle: avaliar a leitura e ensinar a ler 92
O professor: um ator no papel de leitor 94
A instituição e o sentido da leitura 97

5 O papel do conhecimento didático na formação do professor 103
O conhecimento didático como eixo do processo de capacitação 103
Acerca de conservações e transformações 107
As situações de "dupla conceitualização" 107
A atividade na aula como objeto de análise 110
Palavras finais 116

Referências Bibliográficas 118

Prefácio

Este é um livro necessário. Um livro alimentado na ação e na reflexão. Livro aberto, inacabado, questionador, feito para a interlocução. Livro que eu recomendaria ler em grupo, porque é composto de textos que foram escritos para serem escutados por interlocutores com os quais Delia dialoga desde uma tensão permanente entre compreensão e incompreensão, já que esses interlocutores (reais ou potenciais) compartilham desejos, mas não necessariamente práticas e reflexões.

A pertinência destes textos, feitos para um público latino-americano, é inegável. Todos eles estão centrados na compreensão e transformação da prática docente em alfabetização na educação básica. Transcorreram mais de vinte anos desde a publicação da *Psicogênese da lingua escrita*[1] e, nesse período, assistimos a uma série de assimilações (muitas delas deformantes) dos conhecimentos ali expostos. Nenhuma das situações de indagação psicolingüísticas apresentadas nesse livro tem intenção didática, mas a simplicidade de quase todas as tarefas propostas às crianças é tanta que, inevitavelmente, suscitaram nos leitores atentos (nas leitoras atentas) a preocupação de as reproduzirem. Por exemplo, o que é mais simples que estimular uma criança para que escreva uma série de palavras que ainda não lhe ensinaram a escrever? Muitas professoras o tentaram e, quando descobriram que em seus grupos escolares havia crianças que repetiam as respostas de Javier, Romina, Griselda e Omar (para citar alguns dos nomes que estão em suas páginas), foram convencidas por seus próprios alunos.

E então começou a angústia. Se as crianças são assim, se o processo de aquisição da língua escrita é assim, o que a professora tem que fazer? "Respeitar o processo" foi uma primeira resposta (que quase se transformou em *slogan*).

Ou seja, se a criança passa a ser o ator principal, o professor se sente deslocado e se recolhe, transformando-se em espectador.

Não foi isso o que fizeram os que melhor aceitaram o desafio de compartilhar o papel principal com suas crianças, os que puseram a noção de *processo* no próprio centro de suas práticas e aceitaram que, embora a professora seja quem sabe mais, as crianças também têm saberes provenientes de fontes diversas, e todos (inclusive a professora) podem seguir seu processo de alfabetização, com a condição de que aceitem utilizar o tempo escolar para funcionar "em seu melhor nível".

Eu disse insistentemente que "um novo método não resolve os problemas". Mas a reflexão didática é outra coisa. E uma vez que conseguimos restituir o direito pleno ao ator principal de seu processo de aprendizagem, que é a própria criança, é necessário conceitualizar as mudanças que ocorrem no âmbito escolar quando se torna complexa a noção de "língua escrita", quando não se confundem ensinamentos com aprendizagens e quando se aceita (mediante evidências) que o sujeito da aprendizagem assimila, cria, constrói, e que suas assimilações, suas criações intelectuais, suas construções cognitivas têm um extraordinário potencial pedagógico.

Este livro testemunha um esforço constante para analisar e teorizar sobre as mudanças nas práticas docentes e sobre as ações necessárias para que ditas mudanças ocorram. Um leitor ingênuo pode achar estranho que se fale de sua prática em termos que não são coloquiais nem simplistas. Mas assim deve ser quando "o didático" pretende ser levado a um saber ajustado a critérios de rigor científico.

Delia nos propõe começar por um texto-síntese, que resume temas que se irão desdobrando nos capítulos sucessivos. Em sua reflexão, Delia incorpora fortemente o pensamento francês de uma corrente conhecida como Didática da Matemática, cujos representantes principais, citados por ela mesma, são Brousseau e Chevallard. E aqui se torna manifesto o duplo interesse de Delia nas aprendizagens básicas – Língua e Matemática – que determinam o êxito ou o fracasso inicial. Ela atualiza conceitos fundamentais desta corrente de pensamento, como o de "contrato didático" e o de "transposição didática", tratando, no entanto, de encontrar sua própria especificidade no caso da língua escrita.

Este prefácio deveria terminar aqui, já que o convite ao leitor foi feito e a justificação da pertinência e oportunidade da obra também foi apontada. No entanto, acrescentei uma segunda parte (pouco convencional) a este prólogo, precisamente para dar testemunho do que fiquei pensando depois de ter lido e de ter continuado, através dessa leitura, um diálogo de anos com Delia, feito nos auditórios e nos cafés, nos aeroportos e nos congressos, face a face e por correio eletrônico. Como o que se segue não é parte do prefácio (mas ficaria sem ser dito, se não o colocasse aqui), convido o leitor a deixá-lo de lado e, em todo caso, voltar a este "anexo ao prefácio", uma vez que tenha lido o livro.

Finalmente, a melhor recomendação que se pode fazer a um livro é mostrar que ajuda a continuar pensando.

ANEXO E CONTINUAÇÃO DA CONVERSA

Já disse que este livro está aberto à interlocução. Depois de tê-lo lido, faço-me novas interrogações, algumas das quais me parece pertinente expor aqui, precisamente para demonstrar que este livro, polêmico por natureza, nos permite entrar numa discussão que, na América Latina, apenas começa a se esboçar, e que é muito necessária.

A noção de *intervenção docente*. Em seus capítulos, dita intervenção é conceitualizada fundamentalmente em termos de "dizer" ou "fazer". Mas o *silêncio* pode ser conceitualizado não como uma ausência de intervenção, e sim como um tipo particular de intervenção, muito poderoso em certos casos, porque pode suscitar uma interrogação nada banal nos alunos: "por que a professora se manteve calada?". Acho que o silêncio como intervenção pedagógica merece ser considerado explicitamente. Vamos nos entender: não qualquer silêncio, já que há silêncios e silêncios... Não é o silêncio do *laissez faire* nem o silêncio do desconcerto total por parte do docente. Refiro-me, por exemplo, a certos momentos (que Delia e outras colegas conhecem muito bem) onde a professora assume conscientemente o tempo necessário para que as crianças encontrem uma solução, ou quando ela fica junto ao grupo em atitude de reflexão. Conceitualizar adequadamente essas "intervenções silenciosas" me parece que faz parte desse esforço global de conceitualização da prática a que nos convidam suas páginas.

A noção de *transposição didática* significa, tal como se diz no Capítulo 2, "o saber que se modifica ao ser comunicado, ao ingressar na relação didática". Delia tem muito claro que essa transposição não é uma justificação para distanciar saber escolar do saber *tout court*, ou seja, do estado do conhecimento das disciplinas de referência. Digo isto porque começaram a circular "versões livres" da *transposição didática*, que servem para justificar um modo de pensar nos conteúdos escolares que simplesmente não se preocupa com sua relação com a ciência constituída. Pelo contrário, quem se ocupe da didática (de qualquer dos conteúdos escolares) deve ter muito claro qual é o estado do conhecimento da ciência que se trata de ensinar. Isto, que me parece fundamental para qualquer conteúdo escolar, é, no entanto, motivo de sérios questionamentos no caso da didática da língua materna. Por isso o veremos a seguir.

Se o *conteúdo didático* se identifica com "noções gramaticais e literárias", a didática da língua enfrenta certos problemas, já que há teorias gramaticais concorrentes com francas oposições entre si (pense-se, por exemplo, nas distintas acepções atuais da noção de *oração*), tanto como há diferentes e contrastantes concepções de *teoria literária*. Mas Delia nos propõe pensar em outro conteúdo da didática da língua materna (Capítulo 3), onde as práticas sociais de leitura e escrita definem um novo objeto de ensino que leva a outro objeto, "a língua", cuja realização como "língua escrita" é uma realidade indubitável no âmbito escolar. Dito em termos mais simples: se a escola assume plenamente sua função social de formar leitores e produtores de texto, as práticas sociais vinculadas com os usos da língua escrita não podem ser periféricas, mas sim centrais ao programa escolar. (Em vez de ensinar gramática com a pretensão de que isso "ajude a escrever" e de mostrar belos textos com a pretensão de que isso "ajude a formar juízos estéticos em relação à língua e a avaliar o "bem dizer", o que se propõe é uma reflexão gramatical "no ato" e uma reflexão explícita, mas não teórica, sobre a língua em tarefas de corrigir, comparar, utilizar modelos, etc.) Vejo com simpatia e interesse essa mudança de foco, acho que é extremamente oportuna e inovadora, mas em termos da *transposição didática* me pergunto: qual é a ciência que se ocupa da conceitualização das práticas de leitura e escrita? Por sorte dispomos da obra de historiadores que nos informam da evolução de ditas práticas (penso em europeus como Roger Chartier e Armando Petruccci, que felizmente contagiaram múltiplos seguidores com seu entusiasmo). Por acaso será a história a disciplina de referência, pelo menos por contraste? Ou a didática está interpelando a sociologia ou a antropologia da leitura e da escrita para que contribuam para construir seus parâmetros de referência? Delia tem consciência da dificuldade, quando nos diz que "as práticas atuais serão objeto de novos estudos, no futuro, a partir da perspectiva sociológica e histórica. Enquanto isso, [...] é necessário recorrer a uma análise intuitiva, e não tão rigorosa como seria desejável de alguns aspectos das práticas, das atividades de leitores e escritores" (Capítulo 3). É justamente esse recurso a uma "análise intuitiva" das práticas contemporâneas o que acaba sendo problemático, ainda mais em momentos de rápidas mudanças nessas mesmas práticas (penso nas práticas de leitura e escrita através de um processador de texto e na "navegação" na internet[2]). O que acabo de dizer não invalida – entenda-se bem – o interesse da proposição curricular exposta, nem sua pertinência atual. Refiro-me exclusivamente aos problemas teóricos vinculados com uma mudança de foco na concepção do "objeto de ensino".

Já que acabo de me referir à história e à transposição didática, gostaria de vincular ambos os termos. O próprio conceito de "transposição didática" alude a uma relação entre um saber constituído fora de toda referência a suas condições de transmissão, e a transmissão desse mesmo saber às novas gerações. Sugere, portanto, uma relação entre uma fonte de legitimidade (a ciência) e uma situação de transmissão (didática), que gera condições particulares de inscrição para dito saber. Conseqüentemente, uma relação unilateral. No entanto, a história da "gramática escolar" na França parece ter invertido dita relação. Há um texto de André Chervel (1977)[3] que mereceria atenção, ao menos pelo que há de provocativo em sua posição e de cuidadoso em seu trabalho de documentação. Chervel – que é historiador e não didata – diz, em poucas palavras, o seguinte: a gramática escolar é apresentada como uma corrente gramatical particular (portanto, vulgarização ou transposição de uma produção científica), quando na realidade se trata de uma construção (no sentido de fabricação) de um modo de análise do francês com o único objetivo de ensinar a ortografia peculiar do francês. Chervel o diz com palavras muito fortes:

> Era necessário ensinar a ortografia a todas as crianças francesas [...] Para esta tarefa se criou a instituição escolar. Para esta tarefa, a instituição escolar dotou-se de um instrumento teórico, de uma concepção global da língua, que apresentou arbitrariamente como a justificação da ortografia. (p. 27)
> ... a gramática escolar nunca teve outra razão de ser que servir de auxiliar pedagógico ao ensino da ortografia [...] a gramática escolar, e somente ela, permitiu canonizar a ortografia, identificando na mente das pessoas a ortografia francesa com a língua francesa. (p. 28)

Falta-nos em espanhol estudos provocativos como este para entender melhor a relação entre as conceitualizações escolares e os saberes disciplinares.

Finalmente, *o tempo*. A distribuição do tempo didático é uma constante através dos capítulos deste livro. Por um lado, porque Delia sustenta que é preciso distinguir e diferenciar sem parcializar as práticas. Por outro, porque o tempo didático deve ser distribuído entre atividades coletivas, grupais e individuais, que, por sua vez, podem pertencer a projetos, seqüências de atividades ou atividades habituais. Esta dupla distribuição do tempo didático (conforme a quantidade de atores envolvidos e conforme a índole da tarefa, em que os projetos, que são atividades de longo prazo com um produto tangível, merecem uma consideração particular) é muito justificada. Aproveitar ao máximo o tempo didático e aprender a controlá-lo e potencializá-lo é, sem dúvida, uma variável da maior importância na reflexão didática. E nesse mesmo ponto se suscita uma pergunta que não é nova, mas recorrente: qual é o tempo da capacitação do professor? Delia (e todos os que compartilham sua filosofia de capacitação) nos falam de um acompanhamento (médio) de dois anos, que inclui necessariamente um trabalho sobre registros de aula, quer dizer, uma discussão sobre a prática efetiva. Rendo-me às evidências e aceito as dificuldades de qualquer sujeito (criança ou adulto) para mudar seus esquemas conceituais. Mas sofro a angústia dos tempos impostos por outros. A angústia de um momento específico de nossa história presente, quando mudanças tecnológicas extremamente velozes (e poderosas) exigem respostas imediatas para necessidades mal resolvidas no passado imediato. Tenho medo que um modelo de capacitação (correto no conceitual) apareça como inadequado frente ao pragmatismo da imediatidade. No entanto, convém apostar em que o próprio avanço do conhecimento didático sugerirá formas diferenciadas de capacitação (incluindo uma incorporação das novas tecnologias disponíveis) e que chegará o dia em que poderemos aproveitar o tempo de formação anterior à entrada em serviço do professor.

Que a discussão siga e que o conhecimento avance, para que possamos atuar melhor e garantir, assim, o direito à alfabetização de todas as crianças.

Emilia Ferreiro

NOTAS

1. E. Ferreiro e A. Teberosky (1979). *Los sistemas de escritura en el desarrollo del niño*. México. Siglo XXI Editores. (Em português: *Psicogênese da lingua escrita*. Porto Alegre: Artmed, 1999.)
2. E. Ferreiro, (2001). *Pasado y presente de los verbos leer y escribir*. Buenos Aires: Fondo de Cultura Económica, 2001.
3. A. Chervel (1977) ... *et il fallut apprendre à écrire à tous les petits français – Histoire de la grammaire scolaire*. Paris: Payot.

Variações sem fuga

Antes de se dedicar de todo à educação, Delia Lerner tocava piano. Um de seus compositores favoritos era – e continua sendo – Johann Sebastian Bach, o mestre da arte da fuga e o mais alto expoente da arte das variações.

Delia me contou isso durante uma conversa em que lhe comentei a impressão que me causou a leitura dos textos, então dispersos, que integram este livro: a de estar diante de um pensamento construído à maneira das variações em música.

O tema, essencial e da maior importância para quem trabalha na educação, está enunciado no título do livro – *Ler e escrever na escola: o real, o possível e o necessário*. Mas esse tema é na realidade a variação de um tema do maior interesse para todos aqueles que estão preocupados com a construção de uma sociedade democrática. Deliberadamente escolho apresentá-lo em forma interrogativa: a escola pode propiciar o surgimento de outras relações de poder na sociedade?

Como editor que sou, durante muito tempo tentei convencer Delia de que deixasse suas múltiplas ocupações, para se consagrar a escrever uma obra que imaginei sisuda e definitiva. Mas, embora a escrita seja uma parte essencial de sua vida – um desafio constante e uma fonte essencial de conhecimento –, Delia não quer abandonar tudo para se debruçar a escrever, pois sustenta que, se se quer escrever sobre educação, não é aconselhável distanciar-se totalmente sala de aula: "Meus escritos são instrumentos de batalha, são maneiras de lutar pelo que desejo para a educação em geral e para a formação de leitores e escritores em particular", disse-me uma vez. Por isso, Delia optou por outra via e se propôs a abordar o tema de maneira paulatina, ensaiando diversas estratégias e perspectivas, idéias e leituras, experimentando programas e projetos, falando, escutando e discutindo com colegas, professores e crianças. Por isso, seus escritos transpiram essa mescla de suor da aula, meditação e discussão de idéias, observações e teorias, que lhe dão seu valor tão peculiar.

Atravessando os diferentes níveis e âmbitos do sistema educacional, o livro reúne e analisa os diferentes conflitos que a tensão entre a conservação e a mudança gera na escola. Sua vontade de compreender o que aí acontece só é comparável à tenacidade com que mostra as possibilidades de transformação abertas para aquele que estiver decidido realmente a aceitar os desafios da formação de leitores e escritores. E, em um campo onde campeou o voluntarismo, o planejamento distanciado do conhecimento das condições de instrumentação ou o desacerto cego, essa postura – que, em último caso, busca a construção teórica a partir da análise sistemática e rigorosa da experiência – deve ser saudada.

Proposição e variações, este livro não só expressa com clareza a forma como Lerner mostra os desafios que a escola enfrenta para criar nela uma comunidade de leitores e escritores, como apresenta o processo. Como na música que expressa sempre a si mesma, aqui se encena uma proposta, não apenas se fala dela. Paradoxalmente, ao se internar neste livro, o leitor compreende que não poderá abordar a transformação das práticas de escrita e leitura na escola através da leitura de um livro (seja este ou qualquer outro), pelo menos não da leitura, linear e solitária, a que nos acostumamos. Pois, sem dúvida, é preciso ler para formar leitores e escritores, mas principalmente é preciso reler, conversar, pensar, discutir, ensaiar, brincar e analisar... e voltar a fazê-lo muitas vezes.

Como nos acontece ao escutar Bach, a arte das variações deste livro gera no leitor a impressão de estar diante de uma obra que é, além de tudo, o anúncio de uma obra sempre por-vir, e um convite a continuá-la: é sem dúvida uma sutil maneira de permanecer perfurando o tempo e o estabelecido. A nobreza da proposta de Delia é que suas variações alcançam plasmar caminhos para transformar o real a partir de um maior envolvimento nele. São variações sem fuga.

A edição deste livro deve muito à inteligência de duas amigas e leitoras de Delia, Graciela Quinteros e Mirta Castedo, com quem discuti esta obra em diversos momentos de sua elaboração. Quero deixar patente meu reconhecimento e minha gratidão.

Daniel Goldin

Nota Introdutória

> Alguns livros se anunciam como um relâmpago súbito; e outros, pelo contrário, levam décadas maturando suas páginas. Com *El instinto de Inez*, por exemplo, eu estou certo de que tudo começou durante minha adolescência em Buenos Aires (...).
>
> (Carlos Fuentes, ao apresentar em Barcelona seu último romance, o último deste século, conforme ele mesmo afirma. [Citado por Rodrigo Fresán, em *Página 12*, Buenos Aires, 6 de abril de 2001.])
>
> A presente edição se dedica, em maior medida ainda, a essa tarefa de empilhamento de textos, coisa que não desagrada ao autor. Porque o texto do saber nunca é outra coisa que uma coleção de peças e fragmentos costurados mais ou menos minuciosamente.
>
> (Yves Chevallard. *La transposición didáctica*. Prefácio à segunda edição. Março de 1991.)

Pôr o ponto final. Permitir que o livro empreenda seu próprio caminho e vá encontrar-se com vocês, seus leitores. Escrever umas palavras para apresentá-lo, para acompanhá-lo ao mesmo tempo em que o deixo ir. Contar sua história, falar das intenções que o animam, das preocupações que palpitam em suas páginas...

Este livro levou seu tempo. Tempo de construção, de escrita e reescrita. Tempo necessário para plasmar de maneira orgânica idéias elaboradas e reelaboradas durante quase uma década, para costurar minuciosamente com pontos invisíveis textos produzidos durante esse período, para reescrever os artigos originais até transformá-los em capítulos.

As idéias que o atravessam são produto de muitos anos de pesquisa na sala de aula, da interação com muitos professores em diversas instâncias de formação permanente, dos problemas apresentados pelo projeto curricular e pelas respostas elaboradas para resolvê-los, das discussões constantes com colegas de diferentes países, do diálogo mantido através dos textos com a produção pioneira da didática da matemática.

Contribuir para instalar na escola as práticas de leitura e escrita como objetos de ensino, compreender por que é tão difícil produzir transformações profundas na instituição escolar – essas transformações que são imprescindíveis para que todos os alunos cheguem a ser leitores e escritores –, elaborar ferramentas que permitam superar essas dificuldades... são intenções essenciais que os leitores reencontrarão ao longo destas páginas.

Aprofundar no estudo da problemática didática, produzir conhecimentos rigorosos acerca do ensino e da aprendizagem da linguagem escrita, contribuir para a construção da didática da leitura e da escrita como um campo do saber... são preocupações sempre presentes, são propósitos que orientaram todas as análises realizadas.

Transformar os artigos originais em capítulos de um livro foi um trabalho árduo. Era necessário estabelecer relações, evitar repetições, reunir fios dispersos, tecer uma trama justa e coerente. Foi possível fazê-lo, porque, embora se centrassem em temas diferentes, todos os textos foram inspirados por propósitos similares, todos constituíam tijolos de uma "obra em construção".

Enquanto tecia a trama, os capítulos iam mudando de lugar. Cada mudança permitia entrever novas relações, gerar novos sentidos, revelar matizes antes insuspeitos.

A ordem atual está muito longe da ordem cronológica em que foram produzidas as versões anteriores dos textos. Tão distante, que o primeiro capítulo se baseia no texto mais recente (uma síntese das idéias que já haviam sido expostas em artigos prévios). Situá-lo no começo permite antecipar as questões essenciais que se desdobram nos capítulos seguintes, mas essa antecipação corre o risco de ser pouco explícita. Ao percorrer os próximos capítulos, os leitores poderão ir penetrando na problemática e nas propostas anunciadas a partir de diferentes perspectivas: a análise crítica do ensino usual e a reflexão sobre as ferramentas que podem transformá-lo; o projeto curricular; o trabalho na instituição escolar; a formação permanente dos professores.

Certamente, os capítulos continuarão mudando de lugar. Certamente, cada leitor construirá seu próprio itinerário, poderá ir e vir de um capítulo a outro, fazer diferentes trajetos, encontrar ou criar novas relações, construir respostas para suas próprias perguntas...

Confio-lhes então meu livro. Deixo-o em boas mãos. Sei que, ao lê-lo, vocês o reescreverão e que poderemos trabalhar juntos nesta obra em construção.

Agradeço a Johanna Pizani sua inteligente colaboração durante o processo de escrita deste livro.

Delia Lerner

1

Ler e Escrever na Escola: O Real, o Possível e o Necessário[1]

Ler e escrever... Palavras familiares para todos os educadores, palavras que marcaram e continuam marcando uma função essencial – talvez a única função – da escolaridade obrigatória. Redefinir o sentido dessa função – e explicar, portanto, o significado que se pode atribuir hoje a esses termos tão arraigados na instituição escolar – é uma tarefa incontestável.

Ensinar a ler e escrever é um desafio que transcende amplamente a alfabetização em sentido estrito. O desafio que a escola enfrenta hoje é o de incorporar todos os alunos à cultura do escrito, é o de conseguir que todos seus ex-alunos cheguem a ser membros plenos da comunidade de leitores e escritores.[2]

Participar na cultura escrita supõe apropriar-se de uma tradição de leitura e escrita, supõe assumir uma herança cultural que envolve o exercício de diversas operações com os textos e a colocação em ação de conhecimentos sobre as relações entre os textos; entre eles e seus autores; entre os próprios autores; entre os autores, os textos e seu contexto...

Agora, para concretizar o propósito de formar todos os alunos como praticantes da cultura escrita, é necessário reconceitualizar o objeto de ensino e construí-lo tomando como referência fundamental as práticas sociais de leitura e escrita.[3] Pôr em cena uma versão escolar dessas práticas, que mantenha certa fidelidade à versão social (não-escolar), requer que a escola funcione como uma microcomunidade de leitores e escritores.

O *necessário* é fazer da escola uma comunidade de leitores que recorrem aos textos buscando resposta para os problemas que necessitam resolver, tratando de encontrar informação para compreender melhor algum aspecto do mundo que é objeto de suas preocupações, buscando argumentos para defender uma posição com a qual estão comprometidos, ou para rebater outra que consideram perigosa ou injusta, desejando conhecer outros modos de vida, identificar-se com outros autores e personagens ou se diferenciar deles, viver outras aventuras, inteirar-se de outras histórias, descobrir outras formas de utilizar a linguagem para criar novos sentidos... O necessário é fazer da escola uma comunidade de escritores que produzem seus próprios textos para mostrar suas idéias, para informar sobre fatos que os destinatários necessitam ou devem conhecer, para incitar seus leitores a empreender ações que consideram valiosas, para convencê-los da validade dos pontos de vista ou das propostas que tentam promover, para protestar ou reclamar, para compartilhar com os demais uma bela frase ou um bom escrito, para intrigar ou fazer rir... O necessário é fazer da escola um âmbito onde leitura e escrita sejam práticas vivas e vitais, onde ler e escrever sejam instrumentos poderosos que permitem repensar o mundo e reorganizar o próprio pensamento, onde interpretar e produzir textos sejam direitos que é legítimo exercer e responsabilidades que é necessário assumir.

O *necessário* é, em suma, preservar o sentido do objeto de ensino para o sujeito da aprendizagem, o necessário é preservar na escola o sentido que a leitura e a escrita têm como práticas sociais, para conseguir que os alunos se apropriem delaspossibilitando que se incorporem à comunidade de leitores e escritores, a fim de que consigam ser cidadãos da cultura escrita.

O *real* é que levar à prática o necessário é uma tarefa difícil para a escola. Conhecer as dificuldades e compreender em que medida derivam (ou não) de necessidades legítimas da instituição escolar constituem passos indispensáveis para construir alternativas que permitam superá-las. É por isso que, antes de formular soluções – antes de desdobrar o *possível* –, é preciso enunciar e analisar as dificuldades.

A tarefa é difícil porque:

1. a escolarização das práticas de leitura e de escrita apresenta problemas árduos;
2. os propósitos que se perseguem na escola ao ler e escrever são diferentes dos que orientam a leitura e a escrita fora dela;
3. a inevitável distribuição dos conteúdos no tempo pode levar a parcelar o objeto de ensino;
4. a necessidade institucional de controlar a aprendizagem leva a pôr em primeiro plano somente os aspectos mais acessíveis à avaliação;
5. a maneira como se distribuem os direitos e obrigações entre o professor e os alunos determina quais são os conhecimentos e estratégias que as crianças têm ou não têm oportunidade de exercer e, portanto, quais poderão ou não poderão aprender.

Analisemos agora cada uma das questões mencionadas.

DIFICULDADES ENVOLVIDAS NA ESCOLARIZAÇÃO DAS PRÁTICAS[4]

Precisamente por serem *práticas*, a leitura e a escrita apresentam traços que dificultam sua escolarização: ao contrário dos saberes tipicamente escolarizáveis – que se caracterizam por serem explícitos, públicos e seqüenciáveis (Verret, citado por Chevallard, 1997) –, essas práticas são totalidades indissociáveis, que oferecem resistência tanto à análise como à programação seqüencial, que aparecem como tarefas aprendidas por participação nas atividades de outros leitores e escritores, e implicam conhecimentos implícitos e privados.

Portanto, não é simples determinar com exatidão o que, como e quando os sujeitos as aprendem. Ao tentar instaurar as práticas de leitura e escrita na escola, apresentam-se – na realidade – múltiplas perguntas cujas respostas não são evidentes: o que se aprende quando se ouve o professor lendo? em que momento as crianças se apropriam da "linguagem dos contos"? como ter acesso às antecipações ou inferências que as crianças presumivelmente fazem ao tentar ler por si mesmas um texto? quando se pode dizer que um aluno aprendeu a recomendar livros ou a confrontar diversas interpretações?...

Por outro lado, trata-se de práticas *sociais* que historicamente foram, e de certo modo continuam sendo, patrimônio de certos grupos sociais mais que de outros. Tentar que práticas "aristocráticas" como a leitura e a escrita sejam instauradas na escola supõe, então, enfrentar – e encontrar caminhos para resolver – a tensão existente na instituição escolar entre a tendência à mudança e a tendência à conservação, entre a função explícita de democratizar o conhecimento e a função implícita de reproduzir a ordem social estabelecida.[5]

TENSÕES ENTRE OS PROPÓSITOS ESCOLARES E EXTRA-ESCOLARES DA LEITURA E DA ESCRITA

Como a função (explícita) da instituição escolar é comunicar saberes e comportamentos culturais às novas gerações, a leitura e a escrita existem nela para ser ensinadas e aprendidas. Na escola, não são "naturais" os propósitos que nós, leitores e escritores, perseguimos habitualmente fora dela: como estão em primeiro plano os propósitos didáticos, que são mediatos do ponto de vista dos alunos, porque estão vinculados aos conhecimentos que eles necessitam aprender para utilizá-los em sua vida futura, os propósitos comunicativos – tais como escrever para estabelecer ou manter contato com alguém distante, ou ler para conhecer outro mundo possível e pensar sobre o próprio desde uma nova perspectiva – costumam ser relegados ou, inclusive, excluídos de seu âmbito. Essa divergência corre o risco de levar a uma situação paradoxal: se a escola ensina a ler e escrever com o único propósito de que os alunos aprendam a fazê-lo, eles não aprenderão a ler e escrever para cumprir outras finalidades (essas que a leitura e a escrita cumprem na vida social); se a escola abandona os propósitos didáticos e assume os da prática social, estará abandonando ao mesmo tempo sua função ensinante.

RELAÇÃO SABER-DURAÇÃO *VERSUS* PRESERVAÇÃO DO SENTIDO

Distribuir os conteúdos no tempo é uma exigência inerente ao ensino. A opção tradicional – ao menos desde o século XVII – consistiu em distribuí-los estabelecendo uma correspondência termo a termo entre parcelas de saber e parcelas de tempo. No caso da língua escrita, como se sabe, esse parcelamento foi flagrante: no primeiro ano de escolaridade, dominar o "código" e, somente no segundo, "compreender e produzir textos breves e simples"; propor, no começo, certas sílabas ou palavras e introduzir outras nas semanas ou meses consecutivos, graduando as dificuldades; no primeiro ciclo, apresentar exclusivamente textos de determinados gêneros e reservar outros para o segundo... O ensino se estrutura assim, conforme um eixo temporal único, segundo uma progressão linear, acumulativa e irreversível.

Tal organização do tempo do ensino entra em contradição não só com o tempo da aprendizagem como também – em nosso caso – com a natureza das práticas de leitura e escrita. Entra em contradição com o tempo da aprendizagem porque esta – longe de ser linear, acumulativa e irreversível – supõe aproximações simultâneas ao objeto de conhecimento desde diferentes perspectivas, supõe coordenações e reorganizações cognitivas que dão novo significado de forma retroativa às interpretações originalmente atribuídas aos conteúdos aprendidos. E entra em contradição também com as práticas de leitura e escrita, porque estas são – como já vimos – totalidades indissociáveis que resistem ao parcelamento e à seqüenciação. O paradoxo se apresenta assim: se se tenta parcelar as práticas, é impossível preservar sua natureza e seu sentido para o aprendiz; se não as parcelamos, é difícil encontrar uma distribuição dos conteúdos que permita ensiná-las.[6]

TENSÃO ENTRE DUAS NECESSIDADES INSTITUCIONAIS: ENSINAR E CONTROLAR A APRENDIZAGEM

A responsabilidade social assumida pela escola gera uma forte necessidade de controle: a instituição necessita conhecer os resultados de seu funcionamento, necessita avaliar as aprendizagens. Essa necessidade – indubitavelmente legítima – costuma ter conseqüências indesejadas: como se tenta exercer um controle exaustivo sobre a aprendizagem da leitura, se lê somente no marco de situações que permitem ao professor avaliar a compreensão ou a fluência da leitura em voz alta; como o mais acessível à avaliação é aquilo que pode se qualificar como "correto" ou "incorreto", a ortografia das palavras ocupa no ensino um lugar mais importante que outros problemas mais complexos envolvidos no processo de escrita.

É assim que o ensino põe em primeiro plano certos aspectos em detrimento de outros que seriam prioritários para formar os alunos como leitores e escritores, mas que são menos controláveis. Apresenta-se, pois, inadvertidamente, um conflito de interesses entre o ensino e o controle: se se põe o ensino em primeiro plano, é preciso renunciar a controlar tudo; se se põe o controle das aprendizagens em primeiro plano, é preciso renunciar a ensinar aspectos essenciais das práticas de leitura e escrita.[7]

Uma última dificuldade deriva da *distribuição de direitos e obrigações entre o professor e os alunos*. Para dar aqui apenas um exemplo representativo deste problema – que será melhor analisado no próximo capítulo –, assinalaremos o que acontece com o direito de avaliar: como este direito é em geral privativo do docente, os alunos têm muito poucas oportunidades de autocontrolar o que compreendem ao ler e de autocorrigir seus escritos. Aprender a fazê-lo e conquistar autonomia como leitores e escritores fica então muito difícil.

Frente a esse panorama, o que fazer para preservar na escola o sentido que a leitura e a escrita têm fora dela? Como evitar que se desvirtuem ao serem ensinadas e aprendidas?

O *possível* é fazer o esforço de conciliar as necessidades inerentes à instituição escolar com o propósito educativo de formar leitores e escritores, o possível é gerar condições didáticas que permitam pôr em cena – apesar das dificuldades e contando com elas – uma versão escolar da leitura e da escrita mais próxima da versão social (não-escolar) dessas práticas.

Em primeiro lugar, para possibilitar a escolarização das práticas sociais de leitura e escrita, para que os professores possam programar o ensino, um passo importante que deve ser dado em relação ao projeto curricular é o de explicitar, entre os aspectos implícitos nas práticas, aqueles que resultam hoje acessíveis graças aos estudos sociolingüísticos, psicolingüísticos, antropológicos e históricos.[8] É o que tentamos fazer (Lerner, Lotito, Levy et al., 1996), tal como se verá no Capítulo 3, ao formular como *conteúdos* do ensino não só os saberes lingüísticos como também as tarefas do leitor e do escritor: fazer antecipações sobre o sentido do texto que se está lendo e tentar verificá-las recorrendo à informação visual, discutir diversas interpretações acerca de um mesmo material, comentar o que se leu e compará-lo com outras obras do mesmo ou de outros autores, recomendar livros, contrastar informações provenientes de diversas fontes sobre um tema de interesse, acompanhar um autor preferido, compartilhar a leitura com outros, atrever-se a ler textos difíceis, tomar notas para registrar informações a que mais tarde se recorrerá, escrever para cumprir diversos propósitos (convencer, reclamar, mostrar...), planejar o que se vai escrever e modificar o plano enquanto se está escrevendo, levar em conta os conhecimentos do destinatário para decidir que informações se incluem e quais se podem omitir no texto que se está produzindo, selecionar um registro lingüístico adequado à situação comunicativa, revisar o que se está escrevendo e fazer as modificações pertinentes...

Em segundo lugar, é possível articular os propósitos didáticos – cujo cumprimento é em geral mediato – com propósitos comunicativos que tenham um sentido "atual" para o aluno e tenham correspondência com os que habitualmente orientam a leitura e a escrita fora da escola. Essa articulação, que permite resolver um dos paradoxos antes apresentados, pode concretizar-se através de uma modalidade organizativa bem conhecida: os projetos de produção-interpretação. O trabalho por projetos permite, realmente, que todos os integrantes da classe – e não só o professor – orientem suas ações para o cumprimento de uma finalidade compartilhada: gravar uma fita de poemas para enviar a outras crianças ou para fazer um programa de rádio dá sentido ao aperfeiçoamento da leitura em voz alta, porque os reiterados ensaios que é necessário fazer não constituem um mero exercício, mas sim orientam para um objetivo valioso e realizável a curto prazo – compartilhar com outras pessoas as próprias emoções experimentadas frente aos poemas escolhidos –; preparar uma carta de leitor para protestar por uma violação aos direitos das crianças permitirá aprender a "escrever para protestar", enfrentando todos os problemas que se apresentam na escrita quando se está envolvido numa situação autêntica, na qual efetivamente se trata de produzir um texto suficientemente convincente para conseguir que a carta seja publicada e surta um efeito sobre os leitores...

Por outro lado, a organização por projetos permite resolver outras dificuldades: favorece o desenvolvimento de estratégias de autocontrole da leitura e da escrita por parte dos alunos e abre as portas da classe para uma nova relação entre o tempo e o saber.

Realmente, ao orientar suas ações para uma finalidade compartilhada, os alunos se comprometem na elaboração de um produto – uma fita, uma carta de leitor, etc. – que seja satisfatório e convincente para os destinatários e para eles mesmos. Conseqüentemente, estão dispostos a revisar suas produções para melhorá-las e fazer delas um meio eficaz para cumprir com os objetivos propostos. É assim que o compromisso que assumem torna possível que progridam na aquisição das estratégias necessárias para revisar e aperfeiçoar seus próprios trabalhos.

Como a finalidade que se persegue constitui um fio condutor das atividades e como os projetos se estendem ao longo de períodos mais ou menos prolongados (em alguns casos, algumas semanas; em outros, alguns meses), essa modalidade organizativa, além de favorecer a autonomia dos alunos, que podem tomar iniciativas porque sabem para onde marcha o trabalho, se contrapõe ao parcelamento do tempo e do saber. É assim que se torna possível evitar a justaposição de atividades sem conexão – que abordam aspectos também sem conexão dos conteúdos –, e as crianças têm oportunidade de ter acesso a um trabalho suficientemente duradouro para resolver problemas desafiantes, construindo os conhecimentos necessários para isso, para estabelecer relações entre diferentes situações e saberes, para consolidar o aprendido e reutilizá-lo... Desse modo, ao evitar o parcelamento que desvirtuaria a natureza das práticas de leitura e escrita, se torna possível que os alunos reconstruam seu sentido.

Agora, trabalhar com projetos não é suficiente para instaurar uma relação tempo-saber que leve em conta o tempo da aprendizagem e preserve o sentido do objeto de ensino. Para consegui-lo, é necessário articular muitas temporalidades diferentes: atividades que se desenvolvam com certa periodicidade durante um quadrimestre ou um ano – ler notícias, contos ou curiosidades científicas tal dia da semana, por exemplo – contribuem para familiarizar com certos gêneros e para consolidar os hábitos de leitura; situações pontuais – como escrever uma mensagem por correio eletrônico para um aluno de outra escola – que se desenvolvem num tempo muito breve podem contribuir para consolidar certas práticas de comunicação por escrito; seqüências de situações de leitura – como ler contos de determinado escritor ou de certo subgênero, por exemplo – podem estender-se durante umas semanas e contribuir para consolidar comportamentos do leitor, tais como acompanhar um autor ou estabelecer relações intertextuais... O entrecruzamento dessas diferentes temporalidades permite aos alunos realizar simultaneamente diferentes aproximações às práticas – participar num mesmo período em atos de leitura e de escrita dirigidos a diversos propósitos – assim como voltar mais de uma vez ao longo do tempo a pôr em ação um certo aspecto da leitura ou da escrita – escrever, reescrever, reler, transcrever, resumir... –, para retrabalhar um tema, um gênero ou um autor.[9]

Finalmente, é possível criar um novo equilíbrio entre o ensino e o controle, quando se reconhece que este é necessário, mas tentando evitar que prevaleça sobre aquele. Quando se apresenta um conflito entre ambos, quando é preciso escolher entre o que é necessário para que as crianças aprendam e o que é necessário para controlar a aprendizagem, parece indispensável optar pela aprendizagem. Trata-se – por exemplo – de abrir espaços para que os alunos, além de ler profundamente certos textos, possam ler muitos outros (embora, como veremos no Capítulo 3, o controle que é possível exercer seja menor neste último caso do que no primeiro); trata-se de dar um lugar importante à leitura para si mesmo, embora não seja possível para o professor avaliar a compreensão de tudo que leram...

É imprescindível, por último, compartilhar a função avaliadora. É preciso proporcionar aos alunos oportunidades de autocontrolar o que estão compreendendo ao ler e de criar estratégias para ler cada vez melhor, embora isso torne mais difícil conhecer os acertos ou erros produzidos em sua primeira leitura. É preciso delegar (provisoriamente) às crianças a responsabilidade de revisar seus escritos, permitindo assim que se defrontem com problemas de escrita que não poderiam descobrir, se o papel de corretor fosse assumido sempre pelo professor.[10]

Assim, serão geradas novas aprendizagens, e também novas possibilidades de avaliação serão encontradas. Ao diminuir a pressão do controle, torna-se possível avaliar aprendizagens que antes não ocorriam: como o professor não comunica de imediato sua opinião, os alunos expressam suas interpretações, confrontam-nas, buscam no texto indícios para verificá-las, detectam erros em suas produções, buscam informação para corrigi-los, ensaiam diferentes soluções... e todas essas ações proporcionam novos indicadores dos progressos que as crianças estão realizando como leitores e escritores.

É assim que podem ser resolvidas as dificuldades antes apresentadas. Para resolvê-las, antes de mais nada é preciso conhecê-las: se as ignorássemos, não poderíamos enfrentá-las, e elas continuariam, inalteráveis, obstruindo nossos esforços. Analisar e enfrentar o real é muito duro, mas é imprescindível quando se assumiu a decisão de fazer tudo o que é possível para alcançar o necessário: formar todos os alunos como praticantes da cultura escrita.

NOTAS

1. Uma primeira versão deste capítulo introdutório foi apresentada como *abstract* da conferência dada nas jornadas sobre História, usos e aprendizagens da linguagem escrita, realizadas em Vigo, Espanha, em maio de 1998.
2. O termo "escritores" é utilizado aqui num sentido geral: não se refere somente aos escritores profissionais, mas a todas as pessoas que utilizam ativa e eficazmente a escrita para cumprir diversas funções socialmente relevantes.
3. Os problemas envolvidos na construção do objeto de ensino serão tratados no terceiro capítulo.
4. Essas dificuldades, assim como as assinaladas nos itens seguintes, serão retomadas e analisadas mais detidamente nos capítulos posteriores, em particular no segundo e no terceiro.
5. Essa função implícita já foi apontada há várias décadas (P. Bourdieu e J. C. Passeron, 1970; C. Baudelot e R. Establet, 1971). Para uma revisão crítica da perspectiva reprodutivista e de sua concepção acerca da relação entre fracasso escolar e aprendizagem da linguagem escrita, veja-se B. Lahire (1993).
6. Essa questão será desenvolvida no próximo capítulo.
7. Voltaremos a esse problema no Capítulo 3.

8. Lamentavelmente, há alguns aspectos das práticas atuais sobre os quais não dispomos ainda de estudos que tornem possível uma explicitação profunda e precisa. Nesses casos, só é possível, por hora, recorrer a uma análise intuitiva e consensual.
9. As diferentes modalidades de organização das atividades, assim como os problemas didáticos que elas ajudam a resolver, serão tratadas com maior profundidade no Capítulo 4.
10. Voltaremos à discussão dessas questões, sob ângulos diferentes, nos Capítulos 3 e 4.

Para fazer o retrato de um pássaro
Jacques Prévert (Paroles)
À Elsa Henriquez

Pintar primeiro uma gaiola/ com uma porta aberta/ pintar em seguida/ algo bonito/ algo simples/ algo belo/ algo útil/ para o pássaro/ pôr em seguida a tela contra uma árvore/ num jardim/ num monte/ ou num bosque/ esconder-se atrás da árvore/ sem dizer nada/ sem se mexer... / Às vezes o pássaro chega logo/ mas também pode demorar longos anos/ antes de se decidir/ Não tem que desanimar/ é preciso esperar/ esperar anos se for necessário/ a rapidez ou a lentidão da chegada do pássaro/ não tem relação/ com o sucesso da pintura/ Quando o pássaro cheguar/ se chegar/ é preciso ficar no silêncio mais profundo/ Esperar que o pássaro entre na gaiola/ e quando tenha entrado/ é preciso fechar docemente a porta com o pincel/ depois/ apagar uma por uma as grades/ tendo cuidado de não tocar nenhuma das penas do pássaro/ Fazer em seguida o retrato da árvore/ e escolher o mais belo de seus ramos/ para o pássaro/ pintar também o verde da folhagem e a frescura do vento/ o pó do sol/ e o som dos insetos da vegetação no calor do verão/ e depois esperar que o pássaro decida cantar/ Se o pássaro não cantar/ é um mau sinal/ sinal de que a pintura é ruim/ mas se cantar é bom sinal/ sinal de que se pode assinar/ Então arranque docemente/ uma das penas do pássaro/ e ponha seu nome num dos cantos do quadro.

À Elsa Henriquez

Peindre d'abord une cage / avec une porte ouverte / peindre ensuite / quelque chose de joli / quelque chose de simple / quelque chose de beau / quelque chose d'utile / pour l'oiseau / placer ensuite la toile contre un arbre / dans un jardin / dans un bois / ou dans une forêt / se cacher derrière l'arbre / sans rien dire / sans bouger... / Parfois l'oiseau arrive vite / mais il peut aussi bien mettre de longues années / avant de se décider / Ne pas se décourager / attendre / attendre s'il le faut pendant des années / la vitesse ou la lenteur de l'arrivée de l'oiseau / n'ayant aucun rapport / avec la réussite du tableau / Quand l'oiseau arrive / s'il arrive / observer le plus profond silence / attendre que l'oiseau entre dans la cage / et quand il est entré / fermer doucement la porte avec le pinceau / puis / effacer un à un tous les barreaux / en ayant soin de ne toucher aucune des plumes de l'oiseau / Faire ensuite le portrait de l'arbre / en choisissant la plus belle de ses branches / pour l'oiseau / peindre aussi le vert feuillage et la fraîcheur du vent / la poussière du soleil / et le bruit des bêtes de l'herbe dans la chaleur de l'été / et puis attendre que l'oiseau se décide à chanter / Si l'oiseau ne chante pas c'est mauvais signe / signe que le tableau est mauvais / mais s'il chante c'est bon signe / signe que vous pouvez signer / Alors vous arrachez tout doucement / une des plumes de l'oiseau / et vous écrivez votre nom dans un coin du tableau.

2

Para Transformar o Ensino da Leitura e da Escrita

Ler, escrever, evocar... Um texto evoca outros textos, um título evoca outros títulos. "Para transformar o ensino da leitura e da escrita" – novo título para uma nova versão do artigo original[1] – é uma alusão a "Para fazer o retrato de um pássaro", esse poema de Prévert que poderia ser lido como um texto instrucional para se realizar uma difícil missão como a que se propõe aqui: tentar que um pássaro aceite posar como modelo, que detenha seu vôo sem perder sua liberdade; tentar que a escola levante vôo, que produza transformações substanciais sem perder sua especificidade institucional, sem renunciar a sua função ensinante.

Não se desanimar – é o conselho do poeta –, persistir na tentativa, renovar os esforços mais uma vez... Apelar para todas as ferramentas necessárias para tornar realidade um propósito que é difícil alcançar, mas para o qual é imprescindível se encaminhar.

QUAL É O DESAFIO?

O desafio é formar praticantes da leitura e da escrita e não apenas sujeitos que possam "decifrar" o sistema de escrita. É – já o disse – formar leitores que saberão escolher o material escrito adequado para buscar a solução de problemas que devem enfrentar e não alunos capazes apenas de oralizar um texto selecionado por outro. É formar seres humanos críticos, capazes de ler entrelinhas e de assumir uma posição própria frente à mantida, explícita ou implicitamente, pelos autores dos textos com os quais interagem, em vez de persistir em formar indivíduos dependentes da letra do texto e da autoridade de outros.

O desafio é formar pessoas desejosas de embrenhar-se em outros mundos possíveis que a literatura nos oferece, dispostas a identificar-se com o semelhante ou a solidarizar-se com o diferente e capazes de apreciar a qualidade literária. Assumir este desafio significa abandonar as atividades mecânicas e desprovidas de sentido, que levam as crianças a distanciar-se da leitura por considerá-la uma mera obrigação escolar, significa também incorporar situações em que ler determinados materiais seja imprescindível para o desenvolvimento dos projetos que se estejam levando a cabo, ou – e isto é igualmente importante – que produzam o prazer que é inerente ao contato com textos verdadeiros e valiosos.

O desafio é – por outro lado – orientar as ações para a formação de escritores, de pessoas que saibam comunicar-se por escrito com os demais e com elas mesmas, em vez de continuar "fabricando" sujeitos quase ágrafos, para quem a escrita é tão estranha, que se recorre a ela somente em última instância e depois de haver esgotado todos os meios para escapar de tal obrigação.

O desafio é conseguir que os alunos cheguem a ser *produtores* de língua escrita, conscientes da pertinência e da importância de emitir certo tipo de mensagem em determinado tipo de situação social, em vez de se treinar unicamente como "copistas" que reproduzem – sem um propósito próprio – o escrito por outros, ou como receptores de ditados cuja finalidade – também estranha – se reduz à avaliação por parte do professor. O desafio é conseguir que as crianças manejem com eficácia os diferentes escritos que circulam na sociedade, e cuja utilização é necessária ou enriquecedora para a vida (pessoal, profissional, acadêmica), em vez de se tornarem especialistas nesse gênero exclusivamente escolar que se denomina "composição" ou "redação".

O desafio é conseguir que a escrita deixe de ser na escola somente um objeto de avaliação, para se constituir realmente num objeto de ensino; é tornar possível que todos os alunos se apropriem da escrita e a ponham em prática, sabendo – por experiência, não por transmissão verbal – que é um longo e complexo processo constituído por operações recorrentes de planejamento, textualização e revisão.[2] É assim que se irá abrindo o caminho para que este conhecimento deixe de ser patrimônio exclusivo de alguns privilegiados que têm a oportunidade de adquiri-lo fora da escola, enquanto outros continuam acreditando no que a apresentação escolar da escrita leva a crer: que é possível produzir um texto quando começa a aula e terminá-lo quando bate a sineta; que é possível começar a escrever no momento mesmo em que foi definido o tema que será objeto do texto; que a escrita foi concluída quando se pôs o ponto final na primeira versão; que corresponde a outra pessoa – ao professor, não ao autor – se encarregar da revisão.

O desafio é promover a descoberta e a utilização da escrita como instrumento de reflexão sobre o próprio pensamento, como recurso insubstituível para organizar e reorganizar o próprio conhecimento, em vez de manter os alunos na crença de que a escrita é somente um meio para reproduzir passivamente, ou para resumir – mas sem reinterpretar – o pensamento de outros.

O desafio é, em suma, combater a discriminação que a escola opera atualmente, não só quando cria o fracasso explícito daqueles que não consegue alfabetizar, como também quando impede aos outros – os que aparentemente não fracassam – chegar a ser leitores e produtores de textos competentes e autônomos. O desafio que devemos enfrentar, nós que estamos comprometidos com a instituição escolar, é combater a discriminação desde o interior da escola; é unir nossos esforços para alfabetizar todos os alunos, para assegurar que todos tenham oportunidades de se apropriar da leitura e da escrita como ferramentas essenciais de progresso cognoscitivo e de crescimento pessoal.

É POSSÍVEL A MUDANÇA NA ESCOLA?

Os desafios apresentados implicam uma mudança profunda. Levá-la à prática não será fácil para a escola. As reformas educativas – pelo menos as que realmente merecem tal nome – costumam tropeçar em fortes resistências.

A instituição escolar sofre uma verdadeira tensão entre dois pólos contraditórios: a rotina repetitiva e a moda. Ao mesmo tempo em que a tradição opera como um fator suficiente para justificar a adequação de conteúdos e métodos, costumam aparecer e se difundir no sistema escolar "inovações" que nem sempre estão claramente fundamentadas. Como costuma ocorrer com a moda, em muitos casos essas inovações são adotadas não porque representem algum progresso sobre o anterior, mas simplesmente porque são novidades.

Quando estávamos escrevendo *A aprendizagem da língua escrita na escola* (1992), decidimos dedicar um capítulo para analisar e rebater a denominação de "novo enfoque" que se costumava atribuir na Venezuela à nossa proposta didática. Essa denominação nos preocupava, já que aludia à novidade pela novidade mesma. Nossa proposta corria o risco de se transformar em mais uma moda? Transformá-la em uma moda poderia ser uma maneira de aniquilá-la, de reduzi-la aos elementos assimiláveis pelo sistema escolar sem que este se visse obrigado a operar modificação alguma sobre si mesmo.

Mostramos então que a perspectiva proposta marcava uma clara continuidade com posições didáticas anteriores – e, nesse sentido, podiam ser detectados nela muitos elementos "velhos" – e mostramos também que efetivamente havia elementos novos, elementos cujo valor não derivava de sua novidade, mas da validez das pesquisas recentes de que eram produto. A revisão cuidadosa da obra de, entre outros, Dewey, Kilpatrick, Decroly e Freinet surtiu um duplo e contraditório efeito: por um lado, permitiu termos clara consciência do difícil que é introduzir uma mudança na escola, ao constatar que certas idéias educativas fundamentais estão sendo apresentadas há mais de um século e que, no entanto, só deram lugar a experiências restritas, mas não conseguiram incidir em nada no sistema escolar global; por outro lado, foi possível constatar que, no nível das idéias didáticas, estavam ocorrendo importantes progressos, já que as contribuições recentes permitiam, em alguns casos, completar e, em outros, abandonar de forma contundente as proposições anteriores.

A inovação tem sentido quando faz parte da história do conhecimento pedagógico e quando, ao mesmo tempo, retoma e supera o anteriormente produzido. No entanto, as inovações que realmente supõem um progresso em relação à prática educativa vigente têm sérias dificuldades para se instalar no sistema escolar; em troca, costumam adquirir força pequenas "inovações" que permitem alimentar a ilusão de que algo mudou, "inovações" que são passageiras e logo serão substituídas por outras que tampouco afetarão o essencial do funcionamento didático.

Ao se referir à relação entre esse "inovacionismo" e o avanço do conhecimento científico no campo didático, Y. Chevallard (1982) assinala:

> A novidade não é interessante como tal e não pode ser buscada por si mesma [...] Historicamente, a inovação como valor e como ideologia dificultou o desenvolvimento da pesquisa. [...] Observa-se assim que a ideologia da inovação tende a encerrar o estudo do sistema educativo numa terrível lógica, num implacável determinismo: a inovação como valor ideológico só pode tomar impulso porque a ausência de uma história científica no domínio da educação deixa livre curso a todas as pretensões (e entre elas há algumas imposturas, já que o inovador autoriza a si mesmo); inversamente, o peso da obsessão inovadora nas consciências e nas práticas impede que se constitua o fato educativo em objeto de um saber progressivo.

Cria-se assim uma espécie de círculo vicioso: a ausência de história científica torna possível o inovacionismo, e o inovacionismo dificulta a construção de uma história científica.

Para manter esse inovacionismo permanente, é necessário mostrar sempre o fracasso da inovação anterior:

> A inovação – assinala G. Brousseau (1991) – não permite nunca extrair lições úteis das experiências que não cessa de provocar e, portanto, não pode proporcionar nada à didática. [...] A constatação de fracasso é necessária para a automanutenção da inovação, mas o próprio fracasso é inevitável? Não, acho que, através dessas inovações – por outro lado, fortemente cíclicas –, o progresso caminha apesar de tudo, mas suas possibilidades de ação são muito limitadas. Realmente, para se difundir com suficiente velocidade, uma inovação necessita o ritmo que só os processos da moda podem permitir-lhe. Para permitir esse ritmo, *é preciso que as inovações não afetem nada essencial nas partes profundas das práticas dos professores* [...].[3]

É importante, então, distinguir as propostas de mudança que são produto da busca rigorosa de soluções para os graves problemas educativos que enfrentamos daquelas que pertencem ao domínio da moda. As primeiras têm, em geral, muita dificuldade para se expandir no sistema educativo, porque afetam o núcleo da prática didática vigente; as segundas – embora sejam passageiras – se irradiam facilmente, porque se referem a aspectos superficiais e muito parciais da ação docente.

A reprodução acrítica da tradição e a adoção também acrítica de modas – tanto mais adotáveis quanto menor é a profundidade das mudanças que propõem – são dois riscos constantes para a educação, são obstáculos fortes para a produção de verdadeiras mudanças. E, se essas mudanças profundas se referem – como em nosso caso – ao ensino da leitura e da escrita, a resistência do sistema escolar agiganta-se: não só estamos questionando o núcleo da prática didática, como revisamos também a forma como a escola concebeu tradicionalmente sua missão alfabetizadora, essa missão que está nas raízes de sua função social.

Agora, como fazer – no marco desse panorama pouco alentador – para ajudar a produzir e generalizar uma mudança na concepção do ensino da leitura e da escrita, essa mudança que, conforme pensamos, tornaria possível que *todos* os que têm acesso à escola pudessem ser leitores e escritores competentes e autônomos?

A CAPACITAÇÃO: CONDIÇÃO NECESSÁRIA, MAS NÃO SUFICIENTE PARA A MUDANÇA NA PROPOSTA DIDÁTICA

Se a atualização sempre é necessária para todo profissional, é mais ainda no caso dos professores latino-americanos de hoje. Essa afirmação se sustenta em razões muito diversas: a mudança radical de perspectiva que ocorreu nos últimos vinte anos em relação à alfabetização[4] não teve suficiente eco nas instituições formadoras de professores, a função social do docente está sofrendo um processo de desvalorização sem precedentes, o acesso a livros e revistas especializadas é difícil – dada a situação econômica de nossos países e, em particular, o deplorável panorama profissional dos educadores –, os professores têm muito poucos espaços próprios para a discussão de sua tarefa...

Entretanto, a capacitação está longe de ser a panacéia universal que tanto gostaríamos de descobrir.

Nossa experiência coincide totalmente com a de M. Nemirovsky (1988), que assinala:

> Houve uma etapa (muito prolongada!) em meu próprio desenvolvimento profissional, em que, ao finalizar cada ação de capacitação de professores, eu considerava que tinha conseguido meu propósito e que, desse dia em diante, a verdade tinha sido desvelada para todos os professores, com quem havia trabalhado, daí que o trabalho cotidiano deles sofreria uma transformação radical. À medida que acumulo maior experiência na realização de ações de capacitação de professores, procuro encontrar formas para diminuir meu nível de expecta-

> tivas, porque sei que tudo aquilo que tento que o professor assuma está em contradição não só com o que estudou na etapa de formação profissional, como com sua história como aluno e com as crenças socialmente avalizadas em relação a como se aprende.

A dificuldade para se conseguir que os professores tornem suas as contribuições científicas sobre a leitura e a escrita e sobre o sujeito que aprende não deve ser atribuída a uma simples resistência individual, já que essa dificuldade aprofunda suas raízes no funcionamento institucional. A escola estampa sua marca indelével sobre tudo o que ocorre dentro dela: há mecanismos inerentes à instituição escolar que operam à margem ou inclusive contra a vontade consciente dos professores. Não bastará então capacitar os docentes, será imprescindível também estudar quais são as condições institucionais para a mudança, quais são os aspectos de nossa proposta que têm mais possibilidades de ser acolhidos pela escola e quais requerem a construção de esquemas prévios para poderem ser assimilados. Dito de outro modo, será necessário renunciar ao voluntarismo que costuma caracterizar a nós que impulsionamos as mudanças, será necessário reconhecer que o objeto que queremos modificar – o sistema de ensino – *existe independentemente de nós* e tem leis próprias.

Nesse sentido, Chevallard (1985), ao refletir sobre a constituição da didática da matemática como ciência, assinala:

> Toda ciência deve assumir como sua condição primeira o conceber-se como ciência de um objeto, de um objeto real que existe independentemente do olhar que o transformará em objeto de conhecimento. Posição materialista mínima. Portanto, será necessário supor neste objeto um *determinismo* próprio, uma *necessidade* que a ciência vai querer descobrir. Agora, tudo isso – que é tão válido para a psicanálise como para a física – não é evidente quando se trata desse "objeto" supostamente tão peculiar que é o *sistema didático* ou, mais amplamente, o sistema de ensino. Longe de considerá-lo espontaneamente como dotado de um determinismo específico que é necessário elucidar, atribuímos-lhe em geral uma vontade muito fraca e submetida a nosso livre arbítrio de sujeitos desejosos. E, naquilo que nos oferece resistência, queremos ver o simples efeito da "má" vontade de alguns "maus" sujeitos (os docentes, dramaticamente conformistas; a administração, incorrigivelmente burocrática; os "governos sucessivos", o ministro; etc.). Seja qual for a origem sociohistórica de uma atitude tão compartilhada [...], é necessário se conscientizar de que permanecemos, desse modo, em uma situação verdadeiramente pré-científica. [...] O sistema de ensino continua sendo o terreno privilegiado de todos os voluntarismos – dos quais talvez seja o último refúgio. Hoje, mais do que ontem, deve suportar o peso de todas as expectativas, dos fantasmas, das exigências de toda uma sociedade para a qual a educação é o último portador de ilusões. [...] Esta atitude é uma confissão: o sistema de ensino – totalmente impregnado de vontade humana – poderia modelar-se à medida de nossos desejos, dos quais seria apenas uma projeção na matéria inerte de uma instituição.

Lamentavelmente, não podemos modelar o sistema de ensino à imagem e semelhança de nossos desejos, não temos uma varinha mágica capaz de conseguir que deixe de se cumprir a função implicitamente reprodutivista da instituição escolar e que só se cumpra a função explícita de democratizar o conhecimento. Mas tampouco podemos renunciar a modificar de forma decisiva o sistema de ensino.

Reconhecer que a capacitação não é condição suficiente para a mudança na proposta didática porque esta não depende só das vontades individuais dos professores – por melhor capacitados que eles estejam –, significa aceitar que, além de continuar com os esforços de capacitação, será necessário estudar os mecanismos ou fenômenos que ocorrem na escola e impedem que todas as crianças se apropriem dessas práticas sociais que são a leitura e a escrita (sem correrem o risco de caírem posteriormente no analfabetismo funcional). Ao conhecê-los, se tornará possível vislumbrar formas de controlar sua ação, assim como precisar algumas questões relativas à mudança curricular e institucional.

É por isso que, antes de centrar a análise nas diferentes ferramentas que consideramos essenciais para transformar o ensino, faremos algumas reflexões sobre esses fenômenos próprios da instituição escolar.

ACERCA DA TRANSPOSIÇÃO DIDÁTICA: A LEITURA E A ESCRITA COMO OBJETOS DE ENSINO

O primeiro aspecto que deve ser analisado é o abismo que separa a prática escolar da prática social da leitura e da escrita: a língua escrita, criada para representar e comunicar significados, aparece em geral na escola fragmentada em pedacinhos não-significativos; a leitura em voz alta ocupa um lugar muito maior no âmbito escolar que a leitura silenciosa, enquanto que em outras situações sociais ocorre o contrário; na sala de aula, espera-se que as crianças produzam textos num tempo muito breve e escrevam diretamente a versão final, enquanto que fora dela produzir um texto é um longo processo que requer muitos rascunhos e reiteradas revisões... Escrever é uma tarefa difícil para os adultos – mesmo para aqueles que o fazem habitualmente; no entanto, espera-se que as crianças escrevam de forma rápida e fluente... Ler é uma atividade orientada por propósitos – de buscar uma informação necessária para resolver um problema prático a se internar em um mundo criado por um escritor –, que costumam ficar relegados do âmbito escolar, onde se lê somente para aprender a ler e se escreve somente para aprender a escrever...

A versão escolar da leitura e da escrita parece atentar contra o senso comum. Por que e para que ensinar algo tão diferente do que as crianças terão que usar depois, fora da escola?

Durante muito tempo, atribuímos essa deformação somente à concepção condutista que impera na escola. No entanto, a obra de Chevallard (1985) nos permitiu encontrar uma nova e esclarecedora resposta para essas velhas perguntas e, principalmente, nos permitiu descobrir outra dimensão do problema.

Realmente, conhecer o fenômeno de transposição didática – posto em evidência por Chevallard no quadro de seu trabalho de Didática da Matemática – permitiu tomarmos consciência de que a distância entre o objeto de conhecimento que existe fora da escola e o objeto que é realmente ensinado na escola está muito longe de ser privativa da leitura e da escrita, é um fenômeno geral que afeta todos aqueles saberes que ingressam na escola para ser ensinados e aprendidos.

O saber – mostrou Chevallard – adquire sentidos diferentes em diferentes instituições, funciona de um modo na instituição que o produz e de outro na instituição encarregada de comunicá-lo. Não é a mesma coisa aprender algo – a ler e escrever, por exemplo – na instituição escola ou na instituição família. Todo saber e toda competência estão modelados pelo aqui e agora da situação institucional em que se produzem.

A escola tem a finalidade de comunicar às novas gerações o conhecimento elaborado pela sociedade. Para tornar realidade este propósito, o objeto de conhecimento – o saber científico ou as práticas sociais que se tenta comunicar – se transforma em "objeto de ensino". Ao se transformar em objeto de ensino, o saber ou a prática a ensinar se modificam: é necessário selecionar-se algumas questões em vez de outras, é necessário privilegiar-se certos aspectos, há que se distribuir as ações no tempo, há que se determinar uma forma de organizar os conteúdos. *A necessidade de comunicar o conhecimento leva a modificá-lo.*

A pressão do tempo é um dos fenômenos que, na instituição escolar, marca de forma decisiva o tratamento dos conteúdos. O conhecimento vai-se distribuindo através do tempo, e essa distribuição faz com que adquira características particulares, diferentes das do objeto original. A graduação do conhecimento leva ao parcelamento do objeto. Comênio já afirmava: "A lei de todas as criaturas é partir de zero e se elevar gradualmente. O educador deve avançar passo a passo em todos os terrenos [...]. Apenas uma coisa de cada vez. *Apenas uma coisa* sobre a qual se passará *todo o tempo necessário*".

No interesse da graduação, tempo e conhecimento se confundem.

> A organização do tempo didático – assinala Chevallard (1984) – se apóia sobre a matéria a ensinar, se identifica com a organização do saber, conforme uma dialética da decomposição e da recomposição. Forma-se uma pedagogia analítica que decompõe até em seus elementos mais simples a matéria a ensinar, que hierarquiza em graus cada fase do processo.

As conseqüências da graduação no caso do ensino da língua escrita são bastante conhecidas: no começo, leitura mecânica e, só mais tarde, leitura compreensiva; as letras ou sílabas se apresentam em forma estritamente seqüenciada e – naturalmente – antes da palavra, da oração, do texto; os alunos devem compreender "literalmente" o texto antes de fazer uma interpretação própria dele e muito antes de poder fazer uma leitura crítica... Tanto a língua escrita como a prática da leitura e da escrita se tornam fragmentárias, são detalhadas de tal modo que perdem sua identidade.

Fragmentar assim os objetos a ensinar permite alimentar duas ilusões muito arraigadas na tradição escolar: contornar a complexidade dos objetos de conhecimento reduzindo-os a seus elementos mais simples e exercer um controle estrito sobre a aprendizagem. Lamentavelmente, a simplificação faz desaparecer o objeto que se pretende ensinar, e o controle da reprodução das partes nada diz sobre a compreensão que as crianças têm da língua escrita nem sobre suas possibilidades como intérpretes e produtores de texto.

A transposição didática é inevitável, mas deve ser rigorosamente controlada. É inevitável porque o propósito da escola é comunicar o saber, porque a intenção de ensino faz com que o objeto não possa aparecer exatamente da mesma forma, nem ser utilizado da mesma maneira que é utilizado quando essa intenção não existe, porque as situações que se apresentam devem levar em conta os conhecimentos prévios das crianças que estão se apropriando do objeto em questão. Deve ser rigorosamente controlada, porque a transformação do objeto – da língua escrita e das atividades de leitura e escrita, em nosso caso – teria que se restringir àquelas modificações que, realmente, são inevitáveis. Como o objetivo final do ensino é que o aluno possa fazer funcionar o aprendido fora da escola, em situações que já não serão didáticas, será necessário manter uma vigilância epistemológica que garanta uma semelhança fundamental entre o que se ensina e o objeto ou prática social que se pretende que os alunos aprendam. A versão escolar da leitura e da escrita não deve afastar-se demasiado da versão social não-escolar.

O controle da transposição didática não pode ser uma responsabilidade exclusiva de cada professor.[5] É responsabilidade dos governos tornar possível a participação da comunidade científica nessa tarefa e é responsabilidade da comunidade científica se pronunciar sobre a pertinência dos "recortes" que se fazem ao selecionar conteúdos; os que projetam os currículos devem ter como preocupação prioritária, ao formular objetivos, conteúdos, atividades e formas de avaliação, que tais práticas não desvirtuem a natureza dos objetos de conhecimento que se pretende comunicar; a equipe diretiva e docente de cada instituição, ao estabelecer acordos sobre os conteúdos e formas de trabalho nos diferentes graus ou ciclos, deve avaliar as propostas em função de sua adequação à natureza e ao funcionamento cultural – extra-escolar – do saber que se tenta ensinar. É responsabilidade de cada professor prever atividades e intervenções que favoreçam a presença na sala de aula do objeto de conhecimento tal como foi socialmente produzido, assim como refletir sobre sua prática e efetuar as retificações que sejam necessárias e possíveis.

ACERCA DO "CONTRATO DIDÁTICO"

> Aprender na escola – assinalou E. Rockwell (1982) – é principalmente [...] aprender "usos" dos objetos escolares, entre eles o da língua escrita [...] O sistema de usos deriva algumas de suas regras ou conteúdos implícitos de sua inserção na estrutura de relações sociais que caracteriza a instituição, que proporciona autoridade ao professor [...]. É por causa desse fato que não se trata de um problema de métodos ou conhecimentos do docente. Somente nesse contexto institucional e social mais amplo pode-se compreender a tendência à assimetria entre professores e alunos na produção e interpretação de textos.

Os efeitos dessa assimetria institucionalmente determinada são melhor entendidos quando, depois de haver analisado diversos registros de classe nos quais professores e alunos estão lendo textos de ciências naturais ou sociais – quer dizer, de classes onde a leitura é utilizada como instrumento para aprender outros conteúdos e nos quais o professor não propõe explicitamente objetivos referentes à aprendizagem da leitura –, a autora observa que o tipo de relação estabelecida entre professores e alunos imprime características específicas ao processo de compreensão do que se lê:

> Nele, está em jogo a dupla autoridade do professor: a "autoridade" de quem "sabe mais" e, portanto, pode contribuir com mais para o texto e a "autoridade" institucional que assume frente aos alunos. As crianças, dentro dessa relação assimétrica, entram, no melhor dos casos, em um duplo processo: tratar de interpretar o texto e, ao mesmo tempo, tratar de "interpretar" o que o professor entende e solicita. Nesse sentido, a relação social característica da escola estrutura o processo de interpretação do texto que se ensina aos alunos.

O conceito de "contrato didático" elaborado por G. Brousseau (1986) contribui para dar conta desses fatos. Ao analisar as interações entre professores e alunos acerca dos conteúdos, pode-se postular que tudo acontece como se essas interações respondessem a um contrato implícito, como se as atribuições que o professor e os alunos têm com relação ao saber estivessem distribuídas de uma maneira determinada, como se cada um dos participantes na relação didática tivesse certas responsabilidades e não outras quanto aos conteúdos trabalhados, como se tivesse sido tecido e enraizado na instituição escolar um interjogo de expectativas recíprocas... Esse "contrato" implícito preexiste aos contratantes e, naturalmente, às pessoas concretas que estão na instituição; é muito eficaz, apesar de não ter sido explicitado, e somente se põe em evidência quando é transgredido.

Um aspecto essencial que Brousseau sublinha ao definir a noção de "contrato" é que este compromete não apenas o professor e os alunos como também o saber, já que este último – nós o vimos ao analisarmos a transposição – sofre modificações ao ser comunicado, ao ingressar na relação didática. A distribuição de direitos e responsabilidades entre o professor e os alunos adquire características específicas em relação a cada conteúdo. A "cláusula"[6] referente à interpretação de textos parece estabelecer – conforme nos sugerem as observações de Rockwell – que o direito de decidir sobre a validade da interpretação é privativo do professor, que a autoridade institucional da qual está investido o exime de apresentar argumentos ou assinalar dados no texto que avalizem sua interpretação – o que não impede, naturalmente, que os professores que assim o desejem possam fazê-lo – e que os alunos – tenham sido convencidos ou não – têm a obrigação de renunciar a suas próprias interpretações em favor da do professor.

Que efeitos produzirá essa distribuição de direitos e obrigações na formação das crianças como leitores? Se a validade da interpretação deve ser sempre estabelecida pela autoridade, como farão depois as crianças para se tornarem leitores independentes? Se não se aprende a buscar na informação visual proporcionada pelo texto dados que confirmem ou refutem a interpretação realizada – não é preciso buscá-los, já que é o professor quem determina a validade –, como poderão depois as crianças autocontrolar suas próprias interpretações? Se não se aprende a coordenar diferentes pontos de vista sobre um texto – tampouco isto é necessário quando o ponto de vista autorizado se apresenta como indiscutível e como o único possível –, onde e como terão oportunidade os alunos de descobrir que a discussão com os outros permite chegar a uma maior objetividade na compreensão do que se lê? Se o aluno não tem direito de atuar como um leitor reflexivo e crítico na escola, qual será a instituição social que lhe permitirá formar-se como tal?

Mas, além disso, se o direito de escolher os textos que se lêem também é privativo do professor, como elaborará o aluno critérios para selecionar no futuro seu próprio material de leitura? Se o aluno tem a obrigação de ater-se estritamente à informação visual proporcionada pelo texto, se não tem direito de selecionar dessa informação somente aqueles elementos imprescindíveis para corroborar ou refutar sua antecipação, se tampouco tem direito a saltar o que não entende – ou o que o chateia, ou a voltar atrás quando detecta uma incongruência no que interpretou –, se o aluno nao conserva nenhum desses direitos elementares de qualquer leitor, qual será então a instituição social que lhe vai oferecer a oportunidade de aprender a ler?

Se, por outro lado, o aluno tem a obrigação de escrever diretamente a versão final dos poucos textos que elabora, se não tem direito a apagar, nem a riscar, nem a fazer rascunhos sucessivos; se também não tem direito a revisar e corrigir o que escreveu, porque a função de correção é desempenhada exclusivamente pelo professor, então como poderá ser um praticante autônomo e competente da escrita?

Fica assim evidenciada a flagrante contradição que existe entre a maneira como se distribuem na instituição escolar os direitos e as obrigações que professor e alunos têm em relação à língua escrita e os propósitos explícitos que essa mesma instituição se coloca em relação à formação de leitores e produtores de texto. Se, de verdade, se pretende conseguir a realização desses propósitos, é preciso revisar essa distribuição, é preciso mostrar – não só aos professores, como para toda a comunidade – os efeitos que produz nas possibilidades de formar leitores e escritores, é preciso criar na escola âmbitos de discussão para elaborar possíveis vias de transformação, é preciso analisar a possibilidade de levantar a drástica barreira que separa as atribuições do professor das do aluno para se aproximar dos direitos mais compartilhados, é preciso ir elaborando o "contrato" que responda melhor à necessidade de formar leitores e escritores competentes.

É responsabilidade nossa, que trabalhamos no campo da pesquisa didática, proporcionar elementos que permitam conhecer melhor as "regras" implícitas nas interações entre professores e alunos acerca da língua escrita, assim como estudar quais são as modificações desejáveis e factíveis e, quando efetivamente ocorrerem modificações, analisar quais são os efeitos que produzem. É responsabilidade dos organismos que regem a educação, assim como dos especialistas em projeto curricular e em análise institucional, levar em conta os dados já proporcionados pela pesquisa didática, a fim de avaliar suas propostas à luz dos efeitos que produzirão no "contrato didático" referente à língua escrita e, por extensão, nas possibilidades de contribuição da escola, de maneira efetiva, para a formação de leitores e produtores de texto. É responsabilidade dos formadores de professores criar situações que permitam a estudantes e professores compreenderem a contradição aqui apresentada e assumirem uma posição superadora. É responsabilidade de todas as instituições e pessoas que tenham acesso aos meios de comunicação informar a comunidade, e em particular os pais, sobre os direitos que os alunos possuem na escola, para poderem formar-se como praticantes autônomos da língua escrita.

FERRAMENTAS PARA TRANSFORMAR O ENSINO

Como a análise precedente mostrou, a capacitação em serviço não é condição suficiente para produzir as mudanças profundas que a proposta didática vigente requer. É necessário introduzir modificações no currículo e na organização institucional, criar consciência em relação à opinião pública e desenvolver a pesquisa no campo da didática da leitura e da escrita. É necessário também traçar novamente as bases da formação dos professores e promover a hierarquização social de sua função.

Em primeiro lugar, no que se refere ao currículo, além de controlar – como já se disse – a transposição didática, de cuidar que o objeto apresentado na escola conserve as características essenciais que tem fora dela e de velar para que as atividades e as intervenções que eventualmente se sugerem ao professor tornem possível a formação de leitores e escritores competentes, em vez de atrapalhar, devem ser levadas em conta – entre outras – as seguintes questões:

1. A necessidade de estabelecer objetivos por ciclo, em vez de estabelecê-los por grau, não só porque isto diminui o risco de fracasso explícito na aprendizagem da leitura e da escrita, como também porque permite elevar a qualidade da alfabetização: ao atenuar a tirania do tempo didático, torna-se possível evitar – ou pelo menos reduzir ao mínimo – a fragmentação do conhecimento e abordar então o objeto de conhecimento em toda sua complexidade. Professores e alunos podem, assim, dedicar o tempo necessário para ler verdadeiros livros, para trabalhar sobre diferentes tipos de texto, para discutir diversas interpretações possíveis de cada um, para empreender a produção de textos cuja elaboração requer um processo mais ou menos prolongado; há tempo para cometer erros, para refletir sobre eles e para retificá-los; há tempo para avançar realmente para o domínio da língua escrita.

2. A importância de atribuir aos objetivos gerais prioridade absoluta sobre os objetivos específicos. Dado que – como assinalamos em outra obra (D. Lerner e A. Pizani, 1992) – a ação educativa deve estar permanentemente orientada pelos propósitos essenciais que lhe dão sentido, é necessário evitar que estes fiquem ocultos atrás de uma longa lista de objetivos específicos, que, em muitos casos, estão desconectados tanto entre si como dos objetivos gerais dos quais deveriam depender.

Cada objetivo específico – e naturalmente também cada conteúdo, estratégia metodológica, atividade ou forma de avaliação propostos – deve ser rigorosamente analisado em função de sua consistência com os propósitos básicos que se perseguem, consistência que deve estar claramente explicitada no documento curricular. Perguntas como "qual é o objetivo geral que este objetivo específico (ou este conteúdo, estratégia, etc.) permite cumprir?" e "corre-se o risco de que transmita alguma metamensagem que não seja coerente com o que nos propomos?" deveriam orientar a análise avaliativa de todas as propostas que são feitas no currículo. Seria evitada, assim, a aparição no documento curricular de incongruências tão freqüentes quanto perigosas: propor, por exemplo, como objetivo geral que as crianças aumentem sua competência lingüística e comunicativa e, ao mesmo tempo, formular como objetivo específico a descrição detalhada de pessoas e objetos presentes na sala de aula, sem estipular nenhuma condição para a realização das atividades correspondentes. O cumprimento do objetivo específico dificulta aqui o desenvolvimento do objetivo geral: como a descrição resultará supérflua do ponto de vista da comunicação, já que o objeto que se descreve está à vista de todos, não surgirá a necessidade de buscar os recursos lingüísticos mais adequados para conseguir que os destinatários possam imaginá-lo – necessidade que estaria em primeiro plano se o objeto a ser descrito fosse desconhecido pelos ouvintes ou leitores e valorizado pelo produtor da mensagem. Algo similar acontece com objetivos como "ler em voz alta de forma fluente" ou "ler com entonação correta", quando aparecem desconectados do propósito fundamental de formar leitores e dão lugar a situações de leitura oral repetitiva, que, além de não cumprirem nenhuma função do ponto de vista da compreensão do texto nem do ponto de vista comunicativo, distanciam as crianças da leitura, porque a apresentam como atividade tediosa e carente de sentido.

3. A necessidade de evitar o estabelecimento de uma correspondência termo a termo entre objetivos e atividades, correspondência que leva certamente ao parcelamento da língua escrita e à fragmentação indevida de atos tão complexos como a leitura e a escrita.

É aconselhável introduzir no currículo a idéia de que uma situação didática cumpre em geral diferentes objetivos específicos, ao menos quando essa situação foi planejada levando em conta os objetivos gerais. Por exemplo, uma situação de leitura dramatizada de um conto – feita para gravar uma fita que outros escutarão ou para fazer uma apresentação pública de "teatro lido" – permite trabalhar tanto sobre a compreensão do significado do texto como sobre a entonação mais adequada para comunicar os sentimentos dos personagens, desenvolver a linguagem oral, assim como avançar na aprendizagem das convenções próprias da língua escrita, ao mesmo tempo em que torna possível explicitar uma argumentação (quando as crianças justificam suas diferentes interpretações do texto) e utilizar uma linguagem descritiva (quando planejam o cenário que prepararão para ambientar a dramatização)...

4. A necessidade de superar a tradicional separação entre "alfabetização em sentido estrito" e "alfabetização em sentido amplo" ou, para dizê-lo com nossas palavras, entre "apropriação do sistema de escrita" e "desenvolvimento da leitura e da escrita". Essa separação é um dos fatores responsáveis pelo fato da educação no ensino fundamental centrar-se na sonorização desvinculada do significado, e da compreensão do texto ser exigida nos níveis posteriores de ensino sem que haja tido uma preparação dos alunos para isso, já que a compreensão é avaliada, mas raramente tomada como objeto de ensino. Essa separação levou também a supor que o manejo do sistema alfabético é um requisito prévio para a utilização da linguagem escrita como tal, para a interpretação e produção de textos escritos correspondentes aos diferentes gêneros que circulam na sociedade.

Agora sabemos que a leitura é sempre – desde o começo – um ato centrado na construção do significado, que o significado não é um subproduto da oralização, mas o guia que orienta a seleção da informação visual; agora sabemos que as crianças reelaboram simultaneamente o sistema de escrita e a "linguagem que se escreve"... Por que manter então uma separação que teve efeitos negativos?

O objetivo deve ser desde o começo formar leitores; portanto, as propostas devem estar centradas na construção do significado também desde o começo. Para construir significado ao ler, é fundamental ter constantes oportunidades de se enfronhar na cultura do escrito, de ir construindo expectativas acerca do que pode "dizer" neste ou naquele texto, de ir aumentando a competência lingüística específica em relação à língua escrita... Portanto, desde o princípio, a escola deve fazer as crianças participarem em situações de leitura e de escrita: é necessário pôr à sua disposição materiais escritos variados, é necessário ler para elas muitos e bons textos para que tenham oportunidade de conhecer diversos gêneros e possam fazer antecipações fundadas nesse conhecimento... É necessário lhes propor também situações de produção que lhes apresentarão o desafio de compor oralmente textos com destino escrito – para serem ditados ao professor, por exemplo –; no curso dessa atividade, serão apresentados problemas que as levarão a descobrir novas características da língua escrita e a se familiarizar com o ato de escrita, antes de saberem escrever no sentido convencional do termo.

Pôr em evidência que – como diria F. Smith (1983) – não há uma diferença fundamental entre ler e aprender a ler, ou entre escrever e aprender a escrever, pode contribuir para esclarecer quais são os princípios gerais que devem reger o trabalho didático em leitura e escrita desde o primeiro dia de aula do ensino fundamental – ou da pré-escola – e ao longo de toda a escolaridade.

Uma última, mas muito importante – porque se refere aos fundamentos – consideração sobre o currículo: é necessário sustentar as propostas nas contribuições das ciências da linguagem e nas da psicologia, em particular nos estudos realizados sobre a construção de determinados conteúdos escolares da área.

Para dar apenas um exemplo da relevância que assumem algumas das contribuições das ciências da linguagem na perspectiva didática,[7] assinalaremos que as contribuições da sociolingüística obrigam a revisar criticamente – entre outros aspectos – a noção de "correção", que está tão arraigada na escola, para substituí-la pela de "adequação à situação comunicativa", o que supõe abandonar a desvalorização que sofreram os dialetos ou socioletos sem prestígio (que são a língua materna de muitos dos alunos de nossas escolas).

Quanto à teoria da aprendizagem, como assinala Coll (1993), há mais de 10 anos existe uma convergência notável entre diferentes autores e enfoques teóricos, em relação aos princípios explicativos básicos de aprendizagem em geral e da aprendizagem escolar em particular.

> O princípio explicativo mais amplamente compartilhado é, sem nenhum tipo de dúvida – assinala o autor –, o que se refere à importância da atividade mental construtiva do aluno na realização das aprendizagens escolares; o princípio que leva a conceber a aprendizagem escolar como um processo de construção do conhecimento [...] e o ensino como uma ajuda para essa construção. [...] Daí o termo "construtivismo" habitualmente escolhido para se referir a essa convergência.

No caso particular da leitura e da escrita, os estudos psicogenéticos e psicolingüísticos já permitiram esclarecer aspectos importantes do processo de reconstrução da língua escrita por parte do sujeito.

Reformular a concepção do objeto de ensino em função das contribuições lingüísticas e a concepção do sujeito que aprende a ler e escrever, de acordo com as contribuições psicolingüísticas realizadas desde uma perspectiva construtivista, parece ser uma condição importante para contribuir, desde o projeto curricular, para a mudança na proposta didática vigente na escola.

Em segundo lugar, no que se refere à *organização institucional*, é evidente a necessidade imperiosa de promover o trabalho em equipe, de abrir, em cada escola, espaços de discussão que permitam confrontar experiências e superar, assim, o isolamento no qual costumam trabalhar os professores, que tornem possível pôr em dúvida as modalidades de trabalho instaladas no sistema escolar e avaliá-las à luz dos propósitos educativos que se perseguem, que propiciem a análise crítica dos direitos e obrigações atribuídos ao docente e aos alunos em relação à leitura e à escrita, que favoreçam o estabelecimento de acordos entre os docentes não só para conseguir maior coerência no trabalho, como também para empreender projetos em comum.

A elaboração de projetos institucionais pode, em alguns casos, apelar para a participação dos pais. Fazer da escola o centro de uma comunidade de leitores poderia ser um dos objetivos desse tipo de projeto.

Também é necessário discutir outras modificações possíveis da instituição escolar, tomando como ponto de partida os estudos sociológicos e etnográficos que possam proporcionar elementos em tal sentido e estudar de que modo seria possível democratizar a estrutura tradicionalmente autoritária do sistema educacional.[8] Se essa democratização permitir revalorizar a posição do professor dentro do sistema, certamente abrirá também um espaço para revalorizar a posição dos alunos na aula e tornará possível – entre outros benefícios – que sejam reconhecidos como leitores e produtores de texto.

Por último, é necessário definir modificações que desterrem o mito da homogeneidade que impera na instituição escolar e o substituam pela aceitação da diversidade cultural e individual dos alunos. Desse modo, pode ser evitada – ou pelo menos diminuída – a formação de "grupos homogêneos" ou "grupos de recuperação", que só servem para incrementar a discriminação escolar.

O terceiro ponto que anunciamos – e que se agrega às considerações já realizadas sobre o curricular e o institucional – refere-se à *consciência* que é necessário se criar *na opinião pública*.

Realmente, no caso da educação – e ao contrário do que acontece, por exemplo, no caso da medicina – não existem pressões sociais que incitem ao progresso. A prática da sala de aula é questionada quando se afasta da tradição, enquanto que raramente o é quando reproduz exatamente o que se vem fazendo de geração em geração. Esse fenômeno – que mereceria ser estudado do ponto de vista sociológico – se expressa muito claramente no caso da alfabetização: qualquer estratégia de trabalho que se distancie do consabido "Ivo viu a uva", que não respeite a seqüência estabelecida pelos métodos fonéticos (incluindo o silábico), gera grande preocupação nos pais dos supostos "porquinhos-da-índia", preocupação que algumas vezes se transforma em resistência declarada.

O "novo" preocupa pelo simples fato de ser novo – não é preciso averiguar se está bem fundamentado ou não –; o "velho" tranqüiliza apenas pelo fato de ser conhecido, independentemente da sustentação científica ou teórica que possa ter. A lamentável conseqüência dessa situação é que não se apresenta a necessidade de avançar no campo didático; se o professor tenta, é por iniciativa própria ou de seus colegas, não porque haja uma exigência em tal sentido por parte dos pais de seus alunos ou de algum outro setor da comunidade. O que seria de nossa saúde se isso acontecesse também no campo da medicina?

Parece essencial, então, criar-se a consciência de que a educação também é objeto da ciência, de que dia a dia se produzem conhecimentos que, se ingressassem na escola, permitiriam melhorar substancialmente a situação educativa. É necessário, além disso, mostrar – da maneira mais acessível que se encontre – quais são as práticas escolares que deveriam mudar, para se adequarem aos conhecimentos que temos hoje sobre a aprendizagem e o ensino da leitura e da escrita, assim como mostrar os efeitos nocivos dos métodos e procedimentos tradicionais que são tão "tranqüilizadores" para a comunidade, e tornar públicas as vantagens das estratégias didáticas que realmente contribuem para formar leitores e escritores autônomos.

É responsabilidade dos governos e de todas as instituições e pessoas que têm acesso aos meios de comunicação – e estão envolvidos na problemática da leitura e da escrita – contribuir para formar essa consciência na opinião pública.

Quanto ao desenvolvimento da *investigação didática na área da leitura e da escrita* – o quarto aspecto antes anunciado –, é evidente a necessidade de se continuar produzindo conhecimentos que permitam resolver os múltiplos problemas que o ensino da língua escrita apresenta, e de fazê-lo através de estudos cada vez mais rigorosos, de tal modo que a didática da leitura e da escrita deixe de ser matéria "opinável" para se constituir como um corpo de conhecimentos de reconhecida validez.

O conhecimento didático não pode ser deduzido simplesmente das contribuições da psicologia ou da ciência que estuda o objeto que tentamos ensinar. É necessário realizar investigações didáticas que permitam estudar e validar as situações de aprendizagem que propomos, aperfeiçoar as intervenções de ensino, apresentar problemas novos que só se fazem presentes na sala de aula. Os problemas didáticos – como por exemplo: Por que é tão difícil conseguir que os alunos assumam a correção dos textos que escrevem? Que novos recursos podem pôr-se em ação para consegui-lo? Que efeitos produzem esses novos recursos? A sistematização do conhecimento ortográfico é um meio efetivo para melhorar a ortografia? Em que condições? – não poderão ser abordados nem resolvidos por pesquisas psicológicas ou lingüísticas; somente a investigação didática pode resolvê-los.

Se se pretende produzir mudanças reais na educação, e em particular na alfabetização, é imprescindível – em vez de dirigir os escassos recursos disponíveis para a realização de estudos diagnósticos, que só servem para confirmar as deficiências educativas que já conhecemos, mas não para proporcionar elementos que contribuam para superá-las – propiciar a investigação didática, dando-lhe um apoio muito maior que o que atualmente se oferece em nossos países. Cedamos a palavra a G. Brousseau (1988) – um dos fundadores da didática da matemática como ciência – para ampliar a argumentação em tal sentido:

> A criação e a condução de situações de ensino não são redutíveis a uma arte que o professor possa desenvolver espontaneamente por meio de atitudes positivas (escutar a criança...) ou em torno de uma simples técnica (utilizar jogos, materiais, ou o conflito cognitivo, por exemplo). A didática não se reduz a uma tecnologia e sua teoria não é a da aprendizagem, mas a da organização das aprendizagens de outros, a da comunicação e transposição dos conhecimentos [...] Aceitar se encarregar dos meios individuais de aprendizagem do aluno (o sujeito cognitivo) exigiria uma modificação completa do papel do professor e de sua formação, uma transformação do próprio conhecimento, outros meios de controle (individuais e sociais) do conhecimento, etc. [...] é uma decisão que apresenta problemas que só a didática pode – talvez – resolver. Certamente não é uma decisão que possa depender da livre escolha dos professores nem de sua arte. Insistamos sobre esta contradição: se, atualmente, o sujeito não tem lugar na relação de ensino (enquanto que o tem na relação pedagógica), não é porque os professores se obstinem no dogmatismo, mas porque não podem corrigir as causas didáticas profundas dessa exclusão. Corremos o risco de pagar muito caro erros que consistem em requerer do voluntarismo e da ideologia aquilo que só pode provir do conhecimento. À pesquisa em didática corresponde encontrar explicações e soluções que respeitem as regras do jogo do ofício de docente ou *negociar as mudanças necessárias sobre a base de um conhecimento científico dos fenômenos*. Não se pode hoje [...] deixar que a instituição convença os alunos que fracassam de que são idiotas – ou doentes –, só porque não queremos enfrentar nossos limites.

Se se quer, de verdade, criar uma mudança profunda, é também imprescindível *recolocar as bases da formação dos professores e promover a valorização social de sua função*.

No que se refere à preparação dos professores e centrando-nos no problema da alfabetização, duas questões parecem essenciais: assegurar sua formação como leitores e produtores de textos e considerar como eixo da formação o conhecimento didático (relacionado à leitura e à escrita, em nosso caso). Por outro lado, todo o currículo deveria contribuir para mostrar aos estudantes os progressos que se vão registrando na produção do conhecimento – didático, lingüístico, psicolingüístico... –, de tal modo que eles tenham consciência, no futuro, da necessidade de aprofundar e atualizar seu saber de forma permanente.

Há uma relação recíproca entre a hierarquia do papel dos professores – o reconhecimento social de sua função – e a melhoria da qualidade de sua formação. Ambas as questões deveriam ser atacadas simultaneamente: elevar a qualidade acadêmica e proporcionar melhores condições de trabalho, tanto do ponto de vista econômico como do ponto de vista da valorização que a comunidade tem do trabalho dos professores.

Além do que se possa fazer nesse sentido a partir dos organismos oficiais, corresponde aos professores – naturalmente – defender sua profissão, formar entidades que – como as associações profissionais – propiciem pesquisas, cursos, conferências, discussões sobre problemas que devem ser resolvidos urgentemente.

E agora, finalmente, nos ocuparemos da *capacitação,* que é também uma ferramenta importante – embora não a única – para transformar o ensino.

Elaborar um programa de capacitação em serviço que possa transformar a prática didática supõe colocar-se múltiplos problemas de diversos tipos: como conciliar a profundidade exigida para o trabalho de cada grupo com a necessidade de estender a proposta a um número de professores que seja significativo para o sistema? Deve apresentar-se como obrigatória a capacitação para os professores ou como voluntária? É conveniente dirigi-la a professores isolados, que procedem de instituições diferentes, ou é mais produtivo imprimir-lhe um caráter institucional? Que condições devem reunir os capacitadores? Como promover a formação contínua dos participantes do projeto? Como assegurar que o processo de capacitação permita aos professores apreender a concepção didática que se pretende comunicar-lhes?

Em relação à *conciliação de profundidade e extensão*, é necessário levar em conta que o tempo é uma variável importante para a capacitação: as "jornadas" de duração muito curta – às vezes uma manhã – podem ser úteis para dar a conhecer que uma questão existe, mas são sempre insuficientes para analisá-la e, portanto, é muito difícil que gerem algum efeito na prática, embora em alguns casos possam despertar inquietações; por outro lado, uma quantidade de horas – quarenta, por exemplo – distribuída numa semana apenas não equivale a essa mesma quantidade de horas distribuída em vários meses, já que esta última distribuição permite que os professores leiam bibliografia, ponham em prática novas atividades e discutam com seus colegas entre uma reunião e outra.

A alternativa que foi mais produtiva em nossa experiência combina uma situação de oficina – que possibilita abarcar uma quantidade considerável de professores – com uma instância de acompanhamento da tarefa na sala de aula, – que permite alcançar uma profundidade muito maior com um número menor de professores, aqueles que se comprometem mais firmemente com o projeto. No quadro dessa alternativa, a oficina tem uma duração de vários meses e só se adota uma modalidade intensiva naqueles casos em que é impossível, por razões geográficas e econômicas, reunir periodicamente os participantes. O acompanhamento na sala de aula se desenvolve no mínimo durante um ano letivo e é especialmente fecundo quando inclui a participação do coordenador nas atividades com as crianças, entrevistas com cada professor e reuniões que agrupam professores de diferentes escolas, para favorecer o intercâmbio de experiências.

Quanto à dimensão *obrigatoriedade-voluntariado*, está claro que cada uma das opções possíveis tem vantagens e inconvenientes: se a capacitação é obrigatória, o organismo responsável pelo programa pode estabelecer prioridades e selecionar em função delas para os professores que participarão, correndo-se o risco de que uma certa porcentagem dos participantes não se interesse o suficiente pelos conteúdos da oficina; se, em troca, a inscrição dos professores é voluntária, aumentam as possibilidades de eles se comprometerem seriamente e logo se transformem em ativos promotores da proposta, mas é mais difícil responder às prioridades educativas.

Em um projeto de capacitação que realizamos na Província de Buenos Aires entre 1988 e 1991 – ao qual apelaremos para ilustrar algumas opções produtivas –, combinou-se a variável voluntariado-obrigatoriedade com referência à incorporação dos professores de forma individual ou por equipes institucionais: a participação era voluntária, mas era requisito para a inscrição nas oficinas que se formassem equipes de escola, integradas por um membro do pessoal da direção, um membro do setor psicopedagógico (no caso de haver este setor na escola) e pelo menos dois professores. Somente de forma excepcional se aceitaram professores isolados.

Tomamos essas decisões porque as experiências anteriores tinham posto em evidência as sérias dificuldades enfrentadas pelos professores que empreendiam, de forma solitária, uma transformação de sua prática. Parecia, então, necessário criar uma situação que permitisse a cada professor compartilhar interrogações e possíveis respostas com seus colegas, assim como contar com o respaldo do pessoal da direção de sua escola. A avaliação do projeto mostrou que essas idéias eram em geral corretas, mas tornou manifesto também uma limitação: em muitos casos foi difícil integrar realmente os diretores, porque eles estavam pressionados pelas tarefas administrativas, ou porque não se sentiam diretamente envolvidos na problemática didática, ou pelas duas razões ao mesmo tempo. Uma instância de capacitação específica para os diretores, que foi posta em prática no último ano do projeto, foi muito mais produtiva do ponto de vista do compromisso assumido pelo pessoal da direção.

No que se refere às *condições que os capacitadores devem reunir*. M. Nemirovsky (1990) assinala:

> Outro aspecto decisivo sobre o qual a experiência proporcionou dados suficientes é que a capacitação deveria ser organizada e coordenada pelos profissionais diretamente envolvidos na elaboração das propostas didáticas. É fre-

> qüente encontrar o sistema de "cascata" na organização da capacitação: uma pequena equipe capacita uma maior; e esta, por sua vez, outro grupo mais amplo, etc. Conseqüentemente, quando a capacitação chega ao professor, já houve quatro ou cinco intermediações entre os capacitadores "originais" e os que levarão – ou se supõe que levarão – a cabo a implementação da proposta em questão. Essa prática leva a que, geralmente, nem sequer o "capacitador" conheça, maneje, assuma, os critérios fundamentais sobre os quais se sustenta a proposta e, portanto, tampouco as respostas ou orientações que se possam dar frente às dúvidas que os professores apresentam. Pode-se supor quais serão as conseqüências dessa situação para a implementação de ditas propostas. Se bem que não há muitas indicações alternativas para resolver esse problema, o que quero enfatizar é sua importância.

Efetivamente, é muito difícil que a aspiração proposta pela autora se possa cumprir: os que elaboram as propostas didáticas são muito poucos, e os docentes de uma rede educacional são muito numerosos. No entanto, podem-se construir alternativas que reduzam as intermediações ao mínimo possível e sejam menos arriscadas que a acelerada "multiplicação" característica das tentativas de capacitação massiva no sistema educacional, desde que se aceite que a diminuição do risco supõe necessariamente um aumento no tempo destinado à formação dos capacitadores – já que, como vimos, o tempo é imprescindível para se conseguir um certo grau de profundidade – e uma redução da cobertura que é possível se conseguir em um período determinado.

No projeto da Província de Buenos Aires, todo o primeiro ano foi dedicado à *formação de coordenadores*. Os docentes envolvidos nessa instância eram professores, assistentes educacionais, diretores e supervisores, que foram previamente selecionados levando-se em consideração sua trajetória em relação à alfabetização – participação em experiências alternativas e em cursos vinculados com a questão, compromisso com a transformação da prática pedagógica. Para se definir os que seriam coordenadores de futuras oficinas e os que os acompanhariam como co-coordenadores ou como colaboradores encarregados do registro das sessões, realiza-se, no curso da oficina, um processo de avaliação que contemplava a qualidade das contribuições realizadas em classe, assim como a apresentação de um trabalho centrado no planejamento fundamentado de uma oficina dirigida a grupos de escola de sua zona.

Por outro lado, desde o momento em que o trabalho com os professores começou, se pôs em marcha um modo de funcionamento que assegurava o *aperfeiçoamento constante de todos os envolvidos no projeto:* os coordenadores de cada zona se reuniam semanalmente com o objetivo de discutir novo material bibliográfico e de analisar os problemas apresentados durante o desenvolvimento das oficinas; representantes das diferentes zonas – que haviam sido selecionados para formar uma "equipe intermediária", que funcionava como nexo entre a equipe central e os demais coordenadores – se reuniam mensalmente com a equipe central, e essas reuniões tornavam possível a supervisão e a orientação cooperativa do trabalho de capacitação que estava em desenvolvimento.

A análise de registros de classe das diferentes oficinas constituiu um dos recursos importantes para a formação de todos como capacitadores. No entanto, desenvolver essa tarefa não foi fácil, porque registrar é difícil e porque nem todos se atrevem a submeter a própria prática à análise dos outros. Foi preciso um tempo para se passar do relato oral para a leitura do registro textual das classes, mas insistimos em que esse passo se desse, porque o registro é insubstituível quando se trata de compartilhar as dificuldades da prática. Realmente, enquanto dependemos dos relatos orais, nos defrontamos unicamente com aquelas dificuldades que os coordenadores da situação puderam ter consciência. Somente o registro textual permite trazer à luz outros problemas que não foram observáveis para os que estiveram envolvidos diretamente na atividade.

A seleção prévia dos candidatos a coordenador, o trabalho profundo durante as oficinas de capacitação, a avaliação rigorosa do desempenho de cada um, o trabalho em grupo e o aperfeiçoamento constante – incluindo nele a reflexão cooperativa sobre a prática de capacitação, com base na discussão dos registros de classe – foram os recursos que nos permitiram assegurar uma formação relativamente sólida daqueles que trabalharam como capacitadores e evitar, assim, a superficialidade e os efeitos nocivos que em muitos casos caracterizam a capacitação oferecida pelas redes educacionais mais ou menos extensas.[9]

Finalmente, para assegurar a compreensão por parte dos professores da *concepção didática* que se pretende comunicar, é essencial que todo o processo de capacitação esteja orientado por essa mesma concepção e que os conteúdos didáticos constituam o eixo do trabalho.

Em nosso caso, assumir uma concepção construtivista do ensino e da aprendizagem supõe centrar a capacitação dos docentes em situações que representem um desafio para eles e lhes permitam reelaborar o conhecimento, que favoreçam a cooperação entre pares e a conscientização de suas próprias estratégias como leitores e produtores de textos, que tornem possível discutir e analisar criticamente diferentes materiais bibliográficos referentes aos conteúdos, que permitam pôr permanentemente em jogo a própria concepção da prática didática e confrontá-la com a dos demais, que permitam explicitar os pressupostos implícitos nas posições adotadas sobre o ensino e a aprendizagem da língua escrita... Todos os conteúdos da oficina são considerados como conteúdos em construção: em cada reunião ficam questões abertas para as quais logo se voltará, a fim de analisá-las a partir de outra perspectiva; rediscuti-las permite chegar a novas conclusões, mas em alguns casos se apresentam desacordos, ou se abrem interrogações que levam a recorrer ao material bibliográfico.

O trabalho sobre a bibliografia cumpre um papel importante, porque é através dessas leituras que os professores podem refletir acerca das propostas didáticas sobre as quais estão trabalhando, assim como sobre seus fundamentos, e porque conhecer os diferentes autores lhes permitirá agir com autonomia para avançar em sua própria formação mais tarde, quando já não estejam envolvidos em um curso de capacitação. A leitura é particularmente significativa quando se ampara na bibliografia para responder a interrogações que surgiram previamente no curso das discussões, quando os participantes sabem que encontrarão ali respostas para perguntas que já se formularam.

Em relação aos conteúdos, a avaliação permanente da tarefa desenvolvida no projeto antes mencionado nos foi mostrando a necessidade de centrar cada vez mais o trabalho no componente didático e incorporar as contribuições de outras ciências – da lingüística, da psicolingüística, etc. – na medida em que contribuíram para resolver problemas didáticos, ou para fundamentar propostas de ensino. Como essa questão será desenvolvida no último capítulo, anteciparemos, aqui, somente um aspecto vinculado com o lugar da prática no processo de capacitação.

Diversas experiências alternativas de alfabetização realizadas na América Latina (E. Ferreiro, 1989) colocaram em evidência que a presença da sala de aula nas situações de capacitação dos professores é fundamental. Em nosso caso, essa presença se fazia efetiva tanto na instância de oficina como na de acompanhamento: na primeira, a prática na sala de aula aparecia através da análise dos registros de classe trazidos pela equipe de coordenação, do planejamento de atividades que os participantes levariam a cabo com seus alunos e da avaliação conjunta do desenvolvimento dessas atividades; durante o processo de acompanhamento, a sala de aula estava ainda mais presente, já que – além de realizar atividades similares às descritas para a oficina e de trabalhar sobre registros realizados pelos próprios professores de suas classes ou das de algum colega – o coordenador colaborava com os professores na condução de algumas situações didáticas, o que permitia, por um lado, que eles aprendessem "por participação na tarefa concreta" e, por outro lado, que se sustentassem discussões sobre aspectos muito específicos da prática didática.

A avaliação do projeto mostrou que o acompanhamento na sala de aula permitia obter resultados muito mais notáveis em relação à transformação da prática, o que pode ser resultado simplesmente da maior duração do trabalho conjunto, como também da impossibilidade de encontrar outro instrumento de capacitação que seja tão efetivo como compartilhar a realidade da sala de aula.

Agora, é inquietante que o acompanhamento na sala de aula continue sendo o melhor recurso para a capacitação, que o consideremos inclusive como o único realmente efetivo para transformar a prática. É inquietante por dois motivos: em primeiro lugar, porque nunca disporemos da quantidade de recursos humanos que seria necessária para acompanhar a prática de todos os professores, e isto é muito grave quando o que se pretende é evitar o fracasso escolar e conseguir que todas as crianças se formem como leitores e produtores de texto; em segundo lugar, porque o fato de que necessitemos imprescindivelmente compartilhar a prática do professor para poder comunicar-lhe certos conteúdos didáticos é sintoma de uma carência nossa na conceitualização desse saber que queremos comunicar.

Nesse sentido, é pertinente citar uma vez mais a G. Brousseau (1991), que, depois de afirmar que a didática foi até poucos anos um problema de opinião mais que um estudo científico, assinala:

> Os professores e os especialistas na disciplina em questão (os formadores de docentes) se vêem conduzidos então a minimizar o papel de toda teoria, a pôr em primeiro plano o conteúdo puro ou a experiência profissional. Esta pode ser considerada a tal ponto como incomunicável que se chegou a afirmar que a melhor formação que se pode propor a um futuro professor é a que ele possa adquirir no próprio trabalho. Cabe perguntar-se, então, o que é que impede que esta concepção empírica radical se aplique também às próprias crianças e que se declare que a melhor formação em matemática para elas seria a que podem adquirir resolvendo completamente sozinhas os problemas com que se deparam.

Para superar essa concepção empírica, é necessário explicitar melhor os elementos teórico-didáticos que subjazem em nossa própria prática na sala de aula. O trabalho de pesquisa didática no âmbito da língua escrita – que se vem realizando há muitos anos – permitiu conceitualizar cada vez melhor as condições necessárias para que uma situação de aprendizagem seja produtiva, os requisitos e características da intervenção docente, a função do planejamento, os parâmetros em que se baseia a avaliação. À medida que avancemos na construção da didática da leitura e da escrita, certamente encontraremos melhores recursos para comunicar esse saber aos demais.

Analisar rigorosamente diferentes situações de capacitação e as transformações que elas produzem, estudar o processo de reconstrução do conhecimento didático por parte do professor, avaliar as intervenções do capacitador, detectar problemas que ainda não tínhamos percebido... em suma, fazer pesquisa didática no terreno da capacitação permitirá também encontrar recursos mais efetivos para transformar o ensino da leitura e da escrita.

NOTAS

1. Uma primeira versão deste capítulo foi apresentada como conferência – com o título "Capacitação em serviço e mudança na proposta didática vigente" – no Encontro de especialistas proporcionado pelo CERLALC (dentro do projeto "Renovação de práticas pedagógicas na formação de leitores e escritores") e realizado em Bogotá, de 6 a 10 de outubro de 1993. Foi publicado em 1994, com o mesmo título, em *Lectura y vida*, ano 15, nº 3.
2. O modelo de escrita a que nos referimos foi tomado de J. Hayes e L. Flower (1986; 1994). Pode consultar-se também M. Scardamalia e C. Bereiter (1992) e M. Charolles (1986). Entre os trabalhos centrados no ensino da escrita concebi-

da assim, se destacam os de D. Graves (1991) e L. McCormick Calkins (1993). Nos Capítulos 3, 4 e 5 do presente livro, se fazem outras considerações sobre os processos envolvidos na escrita, assim como o trabalho de produção escrita na sala de aula.

3. O itálico é nosso.
4. Esta mudança se produziu a partir da revolução conceitual gerada pelas pesquisas sobre psicogênese do sistema de escrita (Ferreiro e Teberosky, 1979) e com a contribuição de outras múltiplas pesquisas: das psicolingüísticas sobre a natureza dos atos de leitura e de escrita aos estudos históricos sobre a leitura e a escrita concebidas como práticas sociais; das contribuições da lingüística do texto e da pragmática aos estudos etnográficos e a análise didática do ensino usual; das pesquisas em psicologia da aprendizagem ao estudo do funcionamento de seqüências de ensino apresentadas no marco de experiências alternativas de alfabetização...
5. Combater a idéia em circulação de que o professor é o único e grande responsável por todos os defeitos do sistema educativo foi um dos propósitos do artigo que originou este capítulo. Mostrar quais são os diferentes componentes que é preciso observar e quais são as responsabilidades que outras instâncias do sistema têm a obrigação de assumir era também um propósito prioritário, já que o Encontro do CERLALC, no qual originalmente foi apresentado este trabalho, tinha a missão de elaborar recomendações que seriam propostas em uma reunião de ministros de Educação da América Latina e do Caribe.
6. Tomo emprestada aqui a idéia humoristicamente cunhada por Chevallard (1983), segundo a qual este suposto "contrato" incluiria "cláusulas" referente a distintos conteúdos.
7. No capítulo seguinte, trataremos da contribuição de outras ciências da linguagem – assim como a da história das práticas de leitura e escrita – à conceitualização do objeto de ensino e à explicitação dos conteúdos que estão em jogo quando se lê ou se escreve na sala de aula.
8. Na Província de Buenos Aires, no período 1988-1992, se fizeram algumas experiências interessantes nesse sentido: criaram-se conselhos de escola e conselhos de classe, introduziu-se a co-avaliação como modalidade para qualificar o desempenho dos docentes, instituiu-se o consenso dos colegas de trabalho como o recurso mais adequado para definir a nomeação de diretores interinos... Lamentavelmente, o período em que estiveram em vigência essas medidas foi demasiado curto para que se possa avaliar seus efeitos.
9. Havia, nesse momento, 54 mil professores na Província de Buenos Aires; a equipe central era formada por quatro pessoas; a equipe intermediária, cujos membros começaram a desempenhar funções como capacitadores em 1989, era integrada por 30 pessoas (tinham sido selecionadas 120 pessoas para integrá-la, mas foi necessário se ajustar ao número de cargos que foi possível obter); a partir de 1990, incorporaram-se outros 40 coordenadores nas diferentes regiões da província.

3

Apontamentos a partir da Perspectiva Curricular[1]

Ao elaborar documentos curriculares, percorre-se um itinerário problemático.[2] Antes de analisar os problemas que é necessário enfrentar e as soluções que é possível ir construindo à medida que se avança nesse percurso, convém explicitar algumas idéias essenciais subjacentes à perspectiva curricular aqui adotada:

1. Todos os problemas que se enfrentam na produção curricular são problemas didáticos. Isso significa que se trata de problemas que somente a didática da língua pode contribuir para resolver. Os saberes das outras disciplinas – em particular os da lingüística, que estuda o objeto, e os da psicolingüística, que estuda a elaboração do conhecimento lingüístico por parte do sujeito – estão indubitavelmente presentes, mas intervêm apenas articulando-se para compreender melhor os problemas didáticos que se apresentam. Os saberes que essas outras disciplinas nos proporcionam constituem uma ajuda fundamental, mas não são suficientes para resolver os problemas curriculares. É imprescindível recorrer a uma análise estritamente didática para encontrar as soluções que se necessitam.

2. Quando se propõe uma transformação didática, é necessário levar em conta a natureza da instituição que a realizará e as pressões e restrições que lhe são inerentes, derivadas da função social que lhe foi atribuída. É necessário prever como articular a proposta que se tenta levar à prática com as necessidades e com as pressões próprias da instituição.

3. O problema didático fundamental que devemos enfrentar é o da preservação do sentido do saber ou das práticas que se estão ensinando. Em relação ao projeto curricular, preservar o sentido do objeto de ensino – da leitura e da escrita, neste caso – apresenta o desafio de plasmar, no documento, uma proposta capaz de contribuir para concretizar, na escola, condições geradoras de uma certa fidelidade à forma como funcionam socialmente fora da escola os objetos que serão ensinados e aprendidos. Perceber que os saberes e as práticas se modificam necessariamente ao ser ensinados torna possível exercer um controle sobre essas modificações em virtude dos propósitos educativos e questionar quais devem ser evitadas, para não descaracterizar o saber que se pretende comunicar.

Por outro lado, o problema da preservação do sentido deve ser considerado simultânea e articuladamente do ponto de vista do objeto de conhecimento e da perspectiva do sujeito que está tentando reconstruir esse conhecimento. Da perspectiva do sujeito – que não será possível desenvolver nos limites deste capítulo –, o essencial é apresentar cada conteúdo de tal modo que seja interpretável desde os conhecimentos prévios das crianças e, ao mesmo tempo, constitua um desafio a esses conhecimentos prévios, tornando necessária a construção do conhecimento a que se aponta, quer dizer, que "obriguem" a aprender o conteúdo a que se aspira ensinar.

Trata-se – em suma – de que a apresentação do objeto de ensino favoreça tanto a fidelidade ao saber ou à prática social que se pretende comunicar, como as possibilidades do sujeito de atribuir um sentido pessoal a esse saber, de se constituir em participante ativo dessa prática.

As três questões enunciadas cumprem um papel relevante na definição e na análise dos problemas apresentados pelo projeto curricular.

ACERCA DOS PROBLEMAS CURRICULARES

Elaborar documentos curriculares é um forte desafio, porque, além das dificuldades envolvidas em todo trabalho didático, é necessário assumir a responsabilidade da prescrição. Os documentos curriculares adquirem um caráter prescritivo, mesmo quando seus autores não o desejem e mesmo quando – como em nosso caso – a instituição na qual estão sendo produzidos conceba a elaboração de currículos como um processo que requer muitas interações com a prática e muitas correções, sem desembocar rapidamente na produção de documentos definitivos.

Elaborar documentos curriculares supõe, além disso, tomar decisões que afetarão muitas escolas – todas as que pertencem a uma jurisdição. Fazer propostas que se levarão à prática em instituições muito diversas apresenta problemas diferentes dos que se apresentam ao orientar o trabalho de uma escola ou de uma classe específica, já que é inevitável se perguntar pela validade das propostas para essa diversidade de situações, cujas especificidades nem sempre é possível conhecer de perto.

A responsabilidade envolvida na elaboração de documentos curriculares faz sentir fortemente a necessidade da pesquisa didática. Prescrever é possível quando se está certo daquilo que se prescreve, e se está tanto mais seguro quanto mais investigada está a questão do ponto de vista didático.

Dito isso, comecemos a analisar nossos problemas.

CONSTRUIR O OBJETO DE ENSINO

Se se espera algo dos que estão planejando documentos curriculares, é que tomem decisões acerca de quais serão os conteúdos que devem ser ensinados. Olhando de fora, a tarefa de selecionar conteúdos parece consistir simplesmente em escolher entre saberes preexistentes – já elaborados pelas diferentes ciências que se ocupam deles. Selecionar se reduziria então a definir critérios para decidir quais desses saberes serão ensinados.

No entanto, como há tempo Chevallard (1997) mostrou, a decisão acerca de quais são os conteúdos a ensinar e quais serão considerados prioritários supõe, na realidade, uma verdadeira reconstrução do objeto. Trata-se de um primeiro nível da transposição didática: a passagem dos saberes cientificamente produzidos ou das práticas socialmente realizadas para os objetos ou práticas a ensinar. Vejamos em que sentido essa passagem supõe uma construção:

1. Em primeiro lugar, selecionar é imprescindível, porque é impossível ensinar tudo; mas, ao selecionar determinados conteúdos, nós os separamos do contexto da ciência ou da realidade em que estão imersos e, nessa medida, eles são transformados e reelaborados. A responsabilidade em relação ao projeto curricular é enorme, porque muitas deformações do objeto podem ter sua origem nesse processo de seleção e, por isso, é fundamental exercer uma vigilância que permita evitar um distanciamento excessivo entre o objeto de ensino e o objeto social de referência.

2. Por outro lado, toda seleção supõe ao mesmo tempo uma hierarquização, uma tomada de decisão acerca do que é que se vai considerar prioritário, do que é que se enfatizará no âmbito desse objeto de ensino.

Agora, em que se basear ao tomar essas decisões? Para fundamentá-las, não é suficiente – ao contrário do que às vezes se pensa – recorrer às ciências que produzem os saberes que serão ensinados. Os propósitos educativos cumprem um papel fundamental como critério de seleção e hierarquização dos conteúdos.

Como se apresenta essa questão no caso da leitura e da escrita? Pode-se afirmar que o grande propósito educativo do ensino da leitura e da escrita no curso da educação obrigatória é o de incorporar as crianças à comunidade de leitores e escritores;[3] é o de formar os alunos como cidadãos da cultura escrita.

Se esse é o propósito, então está claro que o objeto de ensino deve-se definir tomando como referência fundamental as práticas sociais de leitura e escrita. Sustentar isso é muito diferente de sustentar que o objeto de ensino é a língua escrita: ao pôr em primeiro plano as práticas, o objeto de ensino inclui a língua escrita, mas não se reduz a ela.

Essa distinção não é novidade. Em sua análise dos diferentes modelos educativos em relação à leitura e à escrita produzidos no curso deste século na França, Jean Hébrard (1993) distingue os modelos que estão centrados em ensinar a ler para ler – ou a escrever para escrever, poderíamos acrescentar – e o modelo para os quais ensinar a ler e a escrever é só um meio para ensinar a língua escrita.

Naturalmente, a maneira como essa distinção se definia na França em princípios do século não é a mesma que se adota hoje na América Latina. Em vez de se refletir na introdução de verdadeiros textos na escola, a primeira posição deu lugar – por exemplo – à invenção de um novo gênero: o romance escolar. Escreviam-se romances inteiros – não só "livros de leitura" – especialmente para ser lidos na escola! É evidente que a ênfase em formar leitores não leva forçosamente a incluir na escola os livros que circulam fora de seu âmbito. A transposição didática estava em ação, mas não se tinha tido consciência dela; portanto, era impossível controlá-la.

O segundo modelo – ensinar a ler para ensinar a língua – se expressava fundamentalmente nesse tempo na utilização de "textos escolhidos", que eram utilizados como ponto de partida para exercícios gramaticais ou ortográficos. Embora isso não seja muito diferente hoje na maioria de nossas escolas – ainda é freqüente que se selecionem os aspectos descritivos e normativos como eixo do ensino da língua –, a questão que é importante sublinhar em relação a essa posição na atualidade é outra: está sendo dada uma grande ênfase aos textos como tais ou, melhor dizendo, nas superestruturas textuais como tais, e está-se correndo o risco de que esses conteúdos se desvinculem da leitura e da escrita, separem-se das ações e situações em cujo contexto têm sentido.

É chamativo o sucesso que teve a caracterização das diferentes superestruturas textuais como objeto de ensino: a definição dos formatos textuais ocupa um lugar de importância na maioria dos livros-texto recentes, e muitos professores têm a impressão de que esse é (ou deve ser) o conteúdo prioritário do ensino da língua. A que se pode atribuir esse sucesso? Como explicar a relativa facilidade com que esses conteúdos ingressaram na escola? Por que foram rapidamente assimilados como conteúdos escolares legítimos, enquanto que outros saberes lingüísticos igualmente relevantes para o desenvolvimento da leitura e da escrita não o foram? Quando fizemos essas perguntas a María Elena Rodríguez – durante uma consulta que nossa equipe fez a ela –, sua resposta nos pareceu iluminadora: a superestrutura tem um alto grau de generalidade – ou parece tê-lo – já que precisamente resume características que se conservam nos diferentes textos de um mesmo gênero (pelo menos naqueles que se ajustam ao canônico); outros conteúdos lingüísticos, em troca, respondem a problemas específicos que se apresentam de maneira diferente em *cada* texto. Portanto, ensinar as características superestruturais próprias de cada gênero é muito mais econômico – principalmente ocupa muito menos tempo de aula – do que trabalhar sobre os problemas próprios de cada texto particular e sobre os conteúdos lingüísticos que contribuem para resolvê-los.

O risco que se corre ao dar tanta importância a essa questão é o seguinte: embora manejar as características superestruturais ajude a resolver alguns dos problemas apresentados pelos textos – no sentido de que permite fazer antecipações ajustadas ao gênero, se alguém está lendo, ou fazer autocorreções do próprio escrito em função das restrições do gênero, se alguém está escrevendo –, isso de nenhuma maneira é suficiente para resolver a multiplicidade de problemas envolvidos na construção ou na compreensão de *cada* texto. Aprender a resolver esses múltiplos problemas requer enfrentá-los no quadro da leitura e da escrita, requer produzir como resposta a eles os conhecimentos lingüísticos necessários para resolvê-los.

Por outro lado – e esta é outra razão que pode explicar o sucesso das superestruturas textuais –, é característico da instituição escolar ter grande inclinação para as classificações. Essa tendência de adotar e convencionar um lugar importante para os conteúdos que incluem classificações fortes é ao mesmo tempo compreensível – porque as classificações proporcionam um esquema seguro com o qual trabalhar, um esquema útil para ser aplicado em muitas e diversas situações – e perigosa, porque leva em si o risco da simplificação e da cristalização dos conhecimentos.

Em todo caso, sejam quais forem as causas que levaram a superdimensionar as superestruturas textuais, *o importante é evitar uma nova substituição do objeto de ensino*. Para formar leitores e escritores, é necessário dedicar muito tempo escolar ao ensino da leitura e ao da escrita. Não corramos o risco de substituí-los de novo por outros conteúdos: pouco se terá ganho quanto à formação de leitores e escritores, se o tempo que antes se dedicava a trabalhar em gramática oracional se consagra agora à verbalização das características dos diferentes formatos textuais.

Agora, definir como objeto de ensino as práticas sociais de leitura e escrita supõe dar ênfase aos propósitos da leitura e da escrita em distintas situações – quer dizer, às razões que levam as pessoas a ler e escrever –, às maneiras de ler, a tudo o que *fazem* os leitores e escritores, às relações que leitores e escritores sustentam entre si em relação aos textos. Estes, naturalmente, estão incluídos também nessas práticas e portanto são pertinentes todos os saberes vinculados a eles, que a lingüística textual nos proporcionou, mas estão ali não como eixo fundamental do ensino, e sim – se me permitem uma imagem de gramática oracional – como o objeto direto das ações de ler e escrever.

Sustentar que o objeto de ensino se constrói tomando como referência fundamental a prática social da leitura e da escrita supõe, então, *incluir* os textos, mas *não reduzir* o objeto de ensino a eles.

As decisões envolvidas na seleção e hierarquização dos conteúdos são cruciais, porque – como o mostrou a teoria crítica do currículo – decidir quais aspectos do objeto são mostrados supõe também decidir quais são ocultados; decidir o que é que se ensina significa, ao mesmo tempo e necessariamente, decidir o que é que não se ensina. Tradicionalmente, o que se concebe como objeto de ensino é a *língua*, em particular seus aspectos descritivos e normativos. As práticas de leitura e escrita como tais estiveram praticamente ausentes dos currículos, e os efeitos dessa ausência são evidentes: a reprodução das desigualdades sociais relacionadas com o domínio da leitura e da escrita. Estas continuarão sendo patrimônio exclusivo daqueles que nascem e crescem em meios letrados, até que o sistema educacional tome a decisão de constituir essas práticas sociais em objeto de ensino e de enraizá-las na realidade cotidiana da sala de aula, até que a instituição escolar possa concretizar a responsabilidade de gerar, em seu seio, as condições para que todos os alunos se apropriem dessas práticas. A gravidade deste problema é tanta que alguns estudiosos da história da leitura chegaram a duvidar de que a aprendizagem dessa prática social possa ocorrer na escola. Nesse sentido, Jean Hébrard (1993) assinala:

> É possível aprender a ler? Para a escola é evidente que sim [...] e, justamente porque se imagina possível, se atribui a essa aprendizagem um extraordinário poder de ação sobre as novas gerações e inclusive, por meio delas, sobre certos grupos sociais aos quais pertencem. A suposta neutralidade cultural do ato de ler, sua aparente instrumentalidade, garante sua eficácia social, conforme o supõe o discurso alfabetizador. No entanto, para a sociologia das práticas culturais a leitura é uma arte de fazer que mais se herda do que se aprende.

O que mostram, então, alguns estudos sociológicos e históricos é que chegam a ser "praticantes" da leitura e da escrita no pleno sentido da palavra somente aqueles que as herdaram, assim como se herdam os patrimônios familiares.

É preciso levar em conta essas conclusões, não para assumir uma posição pessimista em relação às possibilidades de ação da escola, mas, ao contrário, para reconhecer que é crucial desenvolver pesquisas que levem a definir quais são as condições didáticas que podem favorecer a sobrevivência da leitura e da escrita na escola, para estudar profundamente de que maneira podem-se articular as pressões e necessidades da instituição escolar com o propósito de incorporar *todos* os alunos a essas práticas sociais – e não apenas os que já participam delas fora da escola.

CARACTERIZAR O OBJETO DE REFERÊNCIA: AS PRÁTICAS DE LEITURA E ESCRITA

Uma vez que se decidiu construir o objeto de ensino à imagem e semelhança das práticas sociais de leitura e escrita, é necessário elucidar em que consistem essas práticas, é necessário examiná-las de perto, para poder explicitar quais são os conteúdos envolvidos nelas e tentar definir as condições didáticas potencialmente capazes de preservar seu sentido.

A caracterização do objeto de referência – do "modelo" que orienta a construção do objeto de ensino – é especialmente problemática em nossa área. Realmente, o objeto a ser ensinado neste caso não é produto da atividade científica, ou, pelo menos, não o é no mesmo sentido que outros. Quando se trata de ensinar, por exemplo, a proporcionalidade ou as guerras de independência, é possível tomar como referência a definição que a matemática faz da proporcionalidade e suas propriedades ou as pesquisas e interpretações históricas acerca das guerras da independência. Diferentemente, as práticas sociais de leitura e escrita existem desde muito tempo antes, e são independentes, dos estudos – lingüísticos, psicolingüísticos, sociolingüísticos... – que se ocupam delas. A contribuição das ciências da linguagem é, de todo modo, fundamental, já que, embora elas não nos dêem um objeto de referência direto com base no qual esboçar o objeto de ensino, fazem uma contribuição definitiva para a conceitualização das práticas e permitem assim explicitar alguns dos conteúdos que devem estar em jogo na sala de aula: as estratégias postas em ação pelos leitores, as relações entre os propósitos e as modalidades de leitura, as operações envolvidas na escrita, os problemas que se apresentam ao escrever e os recursos lingüísticos que contribuem para resolvê-los...

No entanto, isso não é suficiente. Há muita pesquisa por fazer para se ter um conhecimento confiável e rigoroso do funcionamento da leitura e da escrita enquanto práticas sociais. A necessidade de suprir essa carência foi assinalada por Bronckart e Schneuwly (1996), que observam que nem sequer conhecemos com o rigor desejado as práticas relativas a um tema tão trabalhado como a *diversificação* da produção textual:

> No plano dos princípios, todo mundo admite que é necessário preparar os alunos para dominar os diversos textos que funcionam no meio (francófono), textos que eles terão que produzir e compreender em sua vida profissional futura. Para aplicar esse princípio, o didata deve necessariamente dispor de um conhecimento dessas práticas que supere as intuições, as idéias recebidas e os efeitos da moda, o que requer a realização de pesquisas profundas.

Certamente, as práticas atuais serão objeto, no futuro, de novos estudos a partir da perspectiva sociológica e histórica. Enquanto isso – e com o apoio, naturalmente, dos estudos disponíveis –, é necessário recorrer a uma análise intuitiva, e não tão rigorosa como seria desejável, de alguns aspectos das práticas, das atividades de leitores e escritores.

Os estudos históricos nos permitem circunscrever algumas constantes e variações que aparecem nas práticas em diferentes sociedades ou épocas e nos proporcionam, assim, um conjunto de saberes, a partir dos quais podemos interrogar as práticas atuais para entendê-las e defini-las melhor.

Um exemplo permitirá mostrar em que consiste esse questionamento. As análises históricas revelaram que as práticas de leitura parecem ter sido, em primeiro lugar, *intensivas,* para depois se transformarem, pouco a pouco, em *extensivas*. Isso quer dizer que originalmente se liam uns poucos textos de maneira muito intensa, profunda e reiterada, e depois houve uma mudança para outra maneira de ler, que abarca uma enorme quantidade de textos e opera de maneira mais rápida e superficial. Além disso, observa-se que, embora a prática intensiva seja anterior à extensiva, as duas modalidades costumam existir em uma mesma sociedade: uma pode predominar sobre a outra e podem distribuir-se de maneira diferente em função dos grupos sociais. Nos setores mais abastados ou mais letrados, as práticas tendem a ser mais extensivas, enquanto que as práticas intensivas perduraram por muito tempo nos setores populares.

A distribuição de práticas intensivas ou extensivas corresponde, além disso, a outra variável no caso da leitura: esta podia ocorrer de forma pública ou privada. A leitura itensiva – por exemplo, a da Bíblia nas sociedades protestantes – aparece geralmente vinculada à leitura em voz alta realizada em comunidade, enquanto que a leitura extensiva geralmente se relaciona com a leitura solitária, que se desenvolve na intimidade.

Se levamos em conta essas categorias, é possível interrogar as práticas que ocorrem aqui e agora. Como são nossas práticas de leitura? Mais intensivas ou mais extensivas? Ao analisar as práticas atuais à luz dessas perguntas, e mesmo quando a análise não alcance o rigor necessário para a definição didática requerida, pode afirmar-se que o predominante é uma prática extensiva da leitura – fortemente extensiva, dado o aumento constante da quantidade de materiais de leitura disponíveis –, mas que as práticas intensivas estão longe de haver desaparecido. Nesta última categoria situam-se indubitavelmente, por exemplo, as leituras reiteradas e profundas da obra de autores como Lacan, Freud ou Piaget, cujos textos são lidos e relidos buscando-se estabelecer diferentes relações, fazer novas descobertas.

Com relação à dimensão público-privado, embora na atualidade a leitura tenda a ser mais privada, persistem, no entanto, muitas situações de leitura pública: os políticos lêem em voz alta seus discursos ao público; nos grupos de estudo há uma leitura compartilhada daquilo que se está discutindo; diante dos exemplares expostos em uma banca de jornal, as pessoas lêem e comentam as notícias que vão aparecendo. Há também uma leitura compartilhada na intimidade: a leitura do jornal a cada manhã, a leitura noturna de contos para os filhos.

Por outro lado, há um denominador comum que atravessa as práticas ao longo da história e que está claramente presente também na atualidade. Realmente, a leitura e a escrita aparecem sempre inseridas nas relações com as outras pessoas, supõem interações entre leitores acerca dos textos: comentar com outros o que se está lendo, recomendar o que se considera valioso, discutir diversas interpretações de uma mesma obra, intercambiar idéias sobre as relações entre diferentes obras e autores...

Nesse sentido, Olson (1998) assinala:

> O domínio da escrita é uma condição social; quando lemos ou escrevemos um texto, participamos de uma "comunidade textual", de um grupo de leitores que também escrevem e ouvem, que compartilham uma determinada maneira de ler e entender um *corpus* de textos. Tornar-se leitor em um domínio específico significa aprender a participar de um paradigma, no mesmo sentido em que Kuhn propôs essa noção para descrever uma comunidade científica que compartilha um mesmo conjunto de textos, um mesmo conjunto de interpretações e um mesmo conjunto de crenças em relação aos problemas que se investigam. Para dominar a escrita, não basta conhecer as palavras, é necessário aprender a compartilhar o discurso de alguma comunidade textual, o que implica saber quais são os textos importantes, como devem ser lidos ou interpretados, como devem ser aplicados na fala e na ação. [...] Pensamos no domínio da escrita como uma condição ao mesmo tempo cognitiva e social: a capacidade de participar ativamente em uma comunidade de leitores que concordam com certos princípios de leitura, um conjunto de textos que são tratados como significativos e uma hipótese de trabalho sobre as interpretações apropriadas ou válidas desses textos.

Depois de se haver tentado caracterizar as práticas sociais de leitura e de escrita, é imprescindível se perguntar quais são as decisões que podem favorecer seu ingresso na escola, qual é a contribuição que se pode fazer desde o projeto curricular para instalar as práticas de leitura e escrita com objeto de ensino.

EXPLICITAR CONTEÚDOS ENVOLVIDOS NAS PRÁTICAS

Escolarizar práticas sociais é um desafio, porque – como assinalamos no primeiro capítulo – as práticas são totalidades indissociáveis e, portanto, dificilmente seqüenciáveis, porque têm muitos componentes implícitos que não podem ser transmitidos oralmente e que só podem ser comunicados quando elas são exercidas, porque envolvem, às vezes, distribuições desiguais entre os grupos sociais...

"Aprende-se a ler, lendo" e "aprende-se a escrever, escrevendo" são lemas educativos que expressaram o propósito de instalar as práticas de leitura e escrita como objeto de ensino. Apesar de esses lemas estarem, hoje, muito difundidos, sua concretização na atividade cotidiana da sala de aula é ainda pouco freqüente. A que se deve essa distância entre o que se tenta fazer e o que efetivamente se faz? Entre as razões que a explicam, há uma que é fundamental considerar ao planejar um currículo: não é suficiente – da perspectiva do papel docente – reconhecer que se aprende a ler, lendo (ou a escrever, escrevendo), é imprescindível, além disso, esclarecer o que é que se aprende quando se lê ou se escreve em aula, quais são os conteúdos que se estão ensinando e aprendendo ao ler ou ao escrever.

Explicitar os conteúdos envolvidos nas práticas de leitura e escrita é, então, uma responsabilidade iniludível dos que elaboram documentos curriculares. Ao explicitá-los, será possível reduzir a incerteza que os professores experimentam diante da perspectiva de dedicar muito tempo escolar para exercer essas práticas, porque é essa elucidação que lhes pode permitir apreender quais são os conhecimentos que se mobilizam ao exercê-las, quais conteúdos seus alunos podem aprender enquanto atuam como leitores e escritores.

Agora, como aclarar os conteúdos? Como objetivar aqueles aspectos das práticas que são impossíveis de transmitir verbalmente? Considerar que o objeto de ensino se constrói tomando como referência as práticas de leitura e escrita supõe – já se notou – determinar um lugar importante para o que os leitores e escritores *fazem*, supõe conceber como conteúdos fundamentais do ensino os *comportamentos do leitor*, os *comportamentos do escritor*.*

Ao instituir como conteúdos escolares as atividades exercidas por leitores e escritores na vida cotidiana, consideram-se duas dimensões: por um lado, a dimensão social – interpessoal, pública – a que alude D. Olson quando se refere à "comunidade textual" e, por outro lado, uma dimensão psicológica – pessoal, privada.

Entre os comportamentos do leitor que implicam interações com outras pessoas acerca dos textos, encontram-se, por exemplo, as seguintes: comentar ou recomendar o que se leu, compartilhar a leitura, confrontar com outros leitores as interpretações geradas por um livro ou uma notícia, discutir sobre as intenções implícitas nas manchetes de certo jornal... Entre os mais privados, por outro lado, encontram-se comportamentos como: antecipar o que segue no texto, reler um fragmento anterior para verificar o que se compreendeu, quando se detecta uma incongruência, saltar o que não se entende ou não interessa e avançar para compreender melhor, identificar-se com o autor ou distanciar-se dele assumindo uma posição crítica, adequar a modalidade de leitura – exploratória ou exaustiva, pausada ou rápida, cuidadosa ou descompromissada... – aos propósitos que se perseguem e ao texto que se está lendo...

Quanto os comportamentos do escritor, a distinção entre o que é compartilhado e o que é privado é menos nítida, talvez porque a escrita seja mais

*N. de R.T. No original "que haceres del lector" e "que haceres del escritor". A tradução de "que haceres" por "que fazeres" seria possível, mas não nos pareceu adequada.

solitária do que a leitura, mas, ao mesmo tempo, obriga quem a exerce a ter constantemente presente o ponto de vista dos outros, dos futuros leitores. Planejar, textualizar, revisar mais de uma vez... são os grandes comportamentos do escritor, que não são observáveis exteriormente e que acontecem, geralmente, em particular. No entanto, *decidir os aspectos do tema que serão tratados no texto* – uma atividade mais específica envolvida no processo de planejamento – supõe *determinar qual é a informação que é necessário dar aos leitores e qual se pode omitir, porque é previsível que estes já a manejem ou possam inferi-la*, quer dizer, supõe considerar os prováveis conhecimentos dos destinatários. *Evitar ambigüidades ou mal-entendidos* – uma atividade envolvida no processo de textualização/revisão – implica, ao mesmo tempo, uma luta solitária com o texto e um constante desdobramento do escritor que tenta imaginar o que sabe ou pensa o leitor potencial... As exigências desse desdobramento levam o escritor a pôr em ação outras atividades nas quais se introduz mais claramente a dimensão interpessoal: *discutir com outros qual é o efeito que se aspira produzir nos destinatários através do texto e quais são os recursos para consegui-lo; submeter à consideração de alguns leitores o que se escreveu ou se está escrevendo...*

Por outro lado, comportamentos que pertencem à esfera mais íntima do escritor, quando a produção é individual, passam a ser também interpessoais – sem deixar de ser pessoais – quando a produção é grupal. Escrever com outros obriga a debater, para que sejam tomadas decisões consensuais acerca dos múltiplos problemas que a escrita apresenta. Desse modo, questões que poderiam permanecer implícitas quando se escreve solitariamente constituem-se em objetos de reflexão.

Agora, o que foi dito até aqui pode permitir estabelecermos que:

1. Os comportamentos do leitor e do escritor são *conteúdos* – e não tarefas, como se poderia acreditar – porque são aspectos do que se espera que os alunos aprendam, porque se fazem presentes na sala de aula precisamente para que os alunos se apropriem deles e possam pô-los em ação no futuro, como praticantes da leitura e da escrita.

2. O conceito de "comportamentos do leitor e do escritor" não coincide com o de "conteúdos procedimentais". Enquanto estes últimos se definem por contraposição com os conteúdos "conceituais" e "atitudinais" – no quadro de uma classificação muito difundida atualmente –, pensar em "comportamentos" como instâncias constituintes das práticas de leitura e escrita supõe contemplar essas três dimensões, mas sem compartimentá-las. Realmente, uma atividade como "atrever-se a ler textos difíceis" – para darmos um exemplo a que logo voltaremos a nos referir – supõe indubitavelmente uma atitude de confiança em si mesmo como leitor, supõe também a mobilização de estratégias tais como ler, em primeiro lugar, o texto completo, para construir uma idéia global de seu sentido, fazer uma segunda leitura mais detida, saltar o que não se entende e voltar a isso com os elementos recolhidos na nova leitura, fazer hipóteses em função do contexto sobre o significado das palavras desconheci-

das, em vez de procurá-las sistematicamente no dicionário ou de ficar fixado nelas, recorrer a outros textos que possam proporcionar elementos para a compreensão do que se está lendo... Pôr em ação essas estratégias implica necessariamente, de maneira indissociável, mobilizar os conhecimentos que já se tem – e que são pertinentes para aprofundar a compreensão – acerca do tema tratado no texto, do autor e suas prováveis intenções, do gênero... É assim que, em um mesmo comportamento, podem confluir o atitudinal, o procedimental e o conceitual.[4]

Finalmente, é preciso assinalar que, ao exercer comportamentos de leitor e de escritor, os alunos têm também a oportunidade de entrar no mundo dos textos, de se apropriar dos traços distintivos – mais ou menos canônicos – de certos gêneros, de ir detectando matizes que distinguem a "linguagem que se escreve" e a diferenciam da oralidade coloquial, de pôr em ação – enquanto praticantes da leitura e da escrita – recursos lingüísticos aos quais é necessário apelar para resolver os diversos problemas que se apresentam ao produzir ou interpretar textos... É assim que, ao atuar como leitores e escritores, os alunos têm oportunidade de se apropriar de conteúdos lingüísticos que adquirem sentido nas práticas; é assim que as práticas de leitura e de escrita, progressivamente, se transformam em fonte de reflexão metalingüística.

PRESERVAR O SENTIDO DOS CONTEÚDOS

Aclarar os conteúdos implícitos nas práticas é indispensável, mas supõe também correr riscos em relação à preservação do sentido. Advertir quais são esses riscos é um passo importante para evitá-los.

Um primeiro risco é o de cair na tentação de transmitir verbalmente às crianças esses conteúdos que foram explicitados. É pertinente, então, sublinhar que preservar o sentido dos comportamentos do leitor e do escritor supõe propiciar que sejam adquiridos por participação nas práticas das quais tomam parte, que se ponham efetivamente em ação, em vez de ser substituídos por meras verbalizações.

Nesse sentido, é útil distinguir – como o fizemos em outra ocasião (Lerner, Lotito, Levy e outros, 1996, 1997) – entre conteúdos *em ação* e conteúdos *objeto de reflexão*. Um conteúdo está *em ação* cada vez que é posto em jogo pelo professor ou pelos alunos ao lerem ou ao escreverem, e é objeto de ensino e de aprendizagem mesmo quando não seja objeto de nenhuma explicação verbal; esse mesmo conteúdo pode tornar-se, em outro momento, um *objeto de reflexão*, quando os problemas apresentados pela escrita ou pela leitura o requeiram.

Alguns exemplos podem aclarar essa distinção:

1. Ler notícias com freqüência permitirá às crianças tanto se familiarizar com esse tipo de textos como adequar cada vez melhor a modalidade de

leitura a suas características e, nessas situações, embora não se tenha pronunciado uma palavra sobre os traços próprios do gênero nem da modalidade de leitura, ditos conteúdos estarão *em ação* e serão objeto de aprendizagem. As características do gênero podem passar a se constituir em objeto de reflexão quando se trate de escrever uma notícia, já que, para produzir um texto que efetivamente se pareça com uma notícia, o escritor terá que levar em conta, de maneira explícita, as características do gênero. Quanto ao comportamento que consiste em *adequar a modalidade de leitura ao gênero*, a necessidade de refletir sobre ele pode apresentar-se quando algum membro do grupo necessite ajuda para progredir em sua maneira de ler notícias: para reparar como as manchetes podem ajudá-los a antecipar o conteúdo das notícias, para se conscientizar de que não necessita ler a totalidade do texto, e sim que pode saltar certas partes que repetem informação ou de que – pelo contrário – saltou algum aspecto essencial do corpo da notícia a que teria sido melhor prestar atenção...

2. As situações didáticas de produção grupal, desde que concebidas à imagem e semelhança das situações de co-autoria que são habituais na prática social, permitem dispor juntos conhecimentos diferentes proporcionados por distintos membros do grupo e, nessa medida, tornam possível constituir como conteúdos de reflexão atividades do escritor e conteúdos lingüísticos que estão simplesmente "em ação" em outras situações. É assim que – para dar apenas um exemplo – um comportamento, como *evitar repetições desnecessárias*, pode levar a refletir sobre a conveniência de *substituir por outros elementos lexicais* – por construções que, além de evitar a repetição, permitem dar nova informação acerca do referente – ou de *substituir por um pronome* ou, simplesmente, de *suprimir o elemento repetido*. Sustentar com os colegas discussões como essa, torna possível que as crianças sejam cada vez mais capazes de sustentá-las consigo mesmas, na hora da produção individual.[5]

Em síntese, exercer as práticas de leitura e escrita é condição necessária para poder refletir sobre elas. É fundamental evitar que *fazer* e *pensar sobre o fazer* sejam substituídos por um simples "falar daquilo" que seria necessário fazer ou sobre o qual seria necessário refletir.

O segundo risco que se corre ao explicitar os comportamentos do leitor e do escritor é o de produzir um novo parcelamento do objeto de ensino.

Realmente, a tradicional distribuição do tempo didático – a correspondência entre fragmentos de tempo e fragmentos de saber a que nos referimos no capítulo anterior – poderia levar a interpretar que os comportamentos podem ser ensinados um a um, criando tarefas específicas para trabalhar sobre cada um deles e separando-os assim da totalidade indissociável e complexa que é a prática na qual estão envolvidos. Para contrabalançar essa nova e simplificadora tentação, é imprescindível sublinhar que a leitura e a escrita são atos globais e indivisíveis e que somente é possível se apropriar dos comportamentos que as constituem no quadro de situações semelhantes às que têm lugar fora da escola, orientadas em direção a propósitos para cuja realização é relevante ler e escrever.

Agora, se se quer preservar o sentido das práticas, é necessário enfrentar um terceiro risco: o de acreditar que é suficiente abrir as portas da escola, para que a leitura e a escrita entrem nela e funcionem tal como fazem em outros âmbitos sociais. No âmbito escolar, essas práticas não podem funcionar da mesma maneira que fora dele, porque na escola a leitura e a escrita existem enquanto *objetos de ensino*.

Em conseqüência, para evitar que as intenções didáticas inerentes à instituição escolar impeçam a sobrevivência da leitura e da escrita, não é suficiente abrir as portas para deixá-las passar, é imprescindível *construir condições didáticas favoráveis* para o desenvolvimento dessas práticas, é necessário tratar os alunos como leitores e escritores plenos, para que eles possam começar a atuar como tais, apesar de serem alunos. Na criação dessas condições, cumprem um papel fundamental – como veremos no próximo capítulo – as modalidades organizativas que asseguram continuidade nas ações e permitem coordenar os propósitos didáticos (realizáveis a longo prazo) com os quais se orientam as atividades do leitor e do escritor, propósitos que têm sentido atual para o aluno e são realizáveis em prazos relativamente curtos.

Finalmente, é necessário advertir que a escola não pode limitar-se a reproduzir as práticas tal como são fora dela. Ao mesmo tempo em que velará pela preservação do sentido daquelas práticas que são valiosas para o desenvolvimento dos alunos, evitará aspectos não-éticos que as práticas sociais lamentavelmente incluem – tentar manipular os outros através de um escrito publicitário enganoso, por exemplo. A tarefa educativa supõe, por outro lado, o esforço para formar sujeitos capazes de analisar criticamente a realidade; portanto, além de promover uma intensa participação nas práticas de leitura e escrita, a escola favorecerá um distanciamento que permita conceitualizá-las e analisá-las criticamente.

OS COMPORTAMENTOS DO LEITOR NA ESCOLA: TENSÕES E PARADOXOS[6]

Ao tentar que as atividades do leitor ingressem na escola, surgem alguns obstáculos sobre os quais é necessário refletir, para encontrar caminhos que permitam superá-los. A análise que é possível desenvolver aqui será centrada nas vicissitudes sofridas por duas atividades que todo leitor vive na prática social: *1.* escolher o que, como, onde e quando lê; *2.* atrever-se a ler textos difíceis.

Nos dois casos, a transposição didática apresenta sérios problemas. Em relação à possibilidade de escolha, gostaria de citar um fragmento do livro que Daniel Pennac chamou de *Como um romance* e que nunca saberemos se é ou não é um romance. O autor resume o seguinte diálogo:

Eu lhe pergunto: Liam histórias em voz alta para você quando era pequena?
Ela me responde: Nunca. Meu pai viajava com muita freqüência e minha mãe estava demasiado ocupada.

> Eu lhe pergunto: Então, de onde vem esse gosto pela leitura em voz alta?
> Ela me responde: Da escola.
> Contente de ouvir que alguém reconhece um mérito da escola, exclamo cheio de alegria: Ah! Viu?!
> Ela me diz: Nada disso, na escola nos *proibiam* a leitura em voz alta. A leitura silenciosa já era o credo da época. Direto do olho ao cérebro. Transcrição instantânea. Rapidez, eficiência. Com um teste de compreensão a cada dez linhas. A religião da análise e do comentário desde o primeiro momento! A maioria das crianças morria de medo, e era só o começo! Todas as minhas respostas eram exatas, se queres saber; mas, de volta para casa, relia tudo em voz alta.
> – Por quê?
> – Para me deslumbrar, as palavras pronunciadas começavam a existir fora de mim, viviam realmente. E, além disso, me parecia que era um ato de amor. Que era amor mesmo. Sempre tive a impressão de que amor ao livro passa pelo amor puro e simples.

É uma maneira de mostrar o estranho dilema que a escola enfrenta: se se centra na leitura em voz alta, os alunos a temem e podem chegar a ter aversão por ela; se, em troca, a proíbe, os alunos – ou pelo menos alguns deles – sentem falta e a buscam por si mesmos. Qual é a razão de que a escola obtenha exatamente o contrário do que se propõe?

Uma das razões desse infortúnio é – acreditamos – o conflito que se apresenta entre o obrigatório e o eletivo. O próprio Pennac (1993) diz: "O verbo 'ler' não suporta o imperativo. Aversão que compartilha com outros verbos: o verbo 'amar'..., o verbo 'sonhar'... Claro que sempre se pode tentar. Adiante: 'Ame-me', 'Sonhe', 'leia', 'leia!', 'Mas leia de uma vez, te ordeno que leia, droga!'"

Enquanto, fora da escola, a leitura se mantém, em geral, alheia ao obrigatório, dentro dela não pode escapar da obrigatoriedade. Na escola, leitura e escrita são necessariamente obrigatórias, porque ensinar a ler e escrever é uma responsabilidade inalienável da instituição escolar. E é por isso que a escola enfrenta um paradoxo em relação a essa questão: como assume a responsabilidade social de ensinar a ler e escrever, tem que apresentar a leitura e a escrita como obrigatórias e atribuir-lhes, então, como propósito único ou predominante o de aprender a ler e escrever. Essa transformação muda profundamente o sentido da leitura e da escrita, transforma-as em algo muito diferente do que são fora da escola: atividades fortemente carregadas de sentido para os leitores ou escritores, inseridas em projetos valiosos e orientadas para cumprir propósitos com os quais eles estão comprometidos.

Por outro lado, a responsabilidade que a escola tem em relação ao ensino a obriga também a exercer um forte controle sobre a aprendizagem, exigência que leva a privilegiar algumas questões e deixar de lado outras. A escolha, por parte dos alunos, do que vão ler se opõe fortemente ao controle: se cada criança escolhe um livro diferente, para o professor é muito difícil conhecer de antemão todos os livros que seus alunos escolheram, o que torna quase impossível controlar a compreensão do que leram. Além disso, a prioridade dada ao controle determina o ritmo de trabalho em leitura: só se lê aquilo que é possível comentar em aula e com todo o grupo ao mesmo tempo. Desse modo, dar lugar à escolha se torna difícil.

Como se pode começar a resolver essas tensões?

A inserção da leitura e da escrita em projetos proporciona um princípio de solução, porque, na medida em que os alunos se envolvam nesses projetos, o obrigatório resultará ao mesmo tempo voluntariamente escolhido por eles. No entanto, isso não é suficiente. Parece necessário, além disso, abrir espaços onde a escolha dos alunos passe para o primeiro plano. É importante – por exemplo – desenvolver, em cada ano escolar, atividades permanentes ou periódicas concebidas de tal modo que cada um dos alunos tenha a possibilidade de ler uma história – a favorita, a que está muito interessado em compartilhar – para os demais, ou escolher um poema que o comova, para lê-lo a seus colegas, ou compartilhar curiosidades científicas que chamam a atenção de vários deles...

Propor esse tipo de atividade supõe – sabemos – limitar as exigências do controle, aceitar que haverá algumas situações que não controlaremos tanto como outras. Fazer confluir o obrigatório e o escolhido supõe, ao mesmo tempo, equilibrar as necessidades do ensino com as necessidades do controle das aprendizagens.

Em relação a essa tensão – já assinalada no primeiro capítulo – entre ensino e controle das aprendizagens, a escola enfrenta um paradoxo: se se aspira a ensinar muito, é impossível controlar tudo e, se se tenta controlar tudo, então ocorre uma forte redução nos conteúdos e se renuncia àqueles cujo controle é mais complexo. Ter consciência dessa tensão torna possível tomar a decisão de tentar *evitar a redução do ensinado em função das necessidades do controle*. Isso não significa renunciar ao controle, mas fazer coexistir atividades nas quais seja possível controlar a compreensão e a aprendizagem da leitura em geral – sem prejudicá-las – com outras que promovam a escolha por parte dos alunos e favoreçam que eles leiam *muito*. Trata-se, em suma, de abrir espaços onde os alunos possam exercer na escola essa prática *extensiva* da leitura que – como vimos – é a predominante em nossa sociedade.

Atrever-se a ler textos difíceis – que são difíceis para certos leitores em determinado momento (já que a noção de dificuldade é, naturalmente, relativa) – é outro comportamento do leitor que encontra obstáculos para ingressar na escola.

Antes de examinar os problemas apresentados pela transposição didática deste comportamento do leitor, gostaria de sublinhar sua importância: aprender a ler textos "difíceis" é um aspecto prioritário da formação do leitor no ensino obrigatório, porque está vinculado com o propósito de preparar os alunos para desenvolver com êxito estudos posteriores, para se inserir na vida acadêmica. As dificuldades que os alunos de escola de ensino médio costumam ter para ler textos de ciências sociais ou de ciências naturais – principalmente quando se trata de verdadeiros textos, de artigos produzidos por estudiosos dessas áreas ou de artigos jornalísticos de divulgação científica – foram mostradas com freqüência. Essas dificuldades foram, para nós, um sinal de alarme e nos levaram a apresentar, com freqüência, aos alunos – desde o ensino fundamental – textos difíceis para eles, a pensar como um conteúdo relevante o atrever-se a abordá-los e realizar os esforços necessários para compreendê-los.

O habitual na escola fundamental é – e é lógico que assim seja – trabalhar com textos que estão dirigidos a crianças, que foram produzidos pensando-se nas crianças como leitores potenciais. É muito menos habitual cometer a ousadia de confrontá-los com textos que não estão dirigidos especialmente a eles e que, portanto, não incluem toda a informação que necessitariam para entendê-los – enquanto os adultos já dispõem dela e podem "agregá-la" ao texto –, nem se limitam ao léxico que se supõe conhecido pelas crianças.

O problema que a gente não pode deixar de se colocar é o seguinte: está muito claro que *não se aprende a ler textos difíceis lendo textos fáceis*; os textos fáceis só habilitam para se continuar lendo textos fáceis. Se pretendemos que os alunos construam para si mesmos, para seu desempenho futuro como leitores, o comportamento de se atrever a ler textos que são difíceis para eles – não apenas em relação ao acadêmico, mas também ao literário –, então é imprescindível enfrentar o desafio de incorporar esses textos em nosso trabalho.

Agora, qual é o obstáculo com que tropeça esse comportamento do leitor ao tentar ingressar na escola? O obstáculo é, precisamente, que o trabalho sobre o difícil é muito difícil na escola.

A escola é uma instituição que tem a responsabilidade de – para dizer com as palavras de César Coll (1993) – "encaixar os saberes cientificamente construídos com os conhecimentos elaborados pelas crianças". Essa missão implica necessariamente uma certa adequação dos saberes às possibilidades cognitivas e aos conhecimentos prévios que as crianças têm em determinado momento. Em muitos casos – como se assinalou em capítulos anteriores –, essa legítima necessidade de adequação levou a simplificar excessivamente e inclusive a desvirtuar os objetos de ensino.

Por outro lado, é indubitável que, quando se trabalha com as crianças textos que são difíceis para elas, correm-se mais riscos do que quando se trabalha com textos fáceis. No começo desse trabalho, pode ocorrer inclusive que os alunos interpretem a situação como uma ruptura do "contrato", que se perguntem que direito tem o professor de apresentar textos que eles não estão em condições de compreender. E isso também é um risco para o docente.

Em conseqüência, pensamos que é importante incluir na escola a leitura de textos difíceis, mas que também é muito importante definir, com grande cuidado, quais são as condições didáticas nas quais é possível ler esses textos. É necessário aprofundar o estudo das intervenções do professor que resultam mais produtivas – começando por aquelas que se revelaram eficazes nas experiências já realizadas –; é necessário precisar melhor como convém distribuir a incerteza entre o professor e os alunos em relação à construção do sentido dos textos: em que momento proporcionar informação e em que momento não o fazer e devolver o problema às crianças, incitando-as a buscar elas mesmas as respostas às perguntas que estão sendo feitas... Trata-se de explicitar como se materializa, no caso particular da leitura de textos difíceis, esse critério geral segundo o qual, para que um conteúdo tenha sentido para as crianças, é necessário que seja interpretável a partir de seus conhecimentos prévios e que, simultaneamente, represente um desafio para elas e exija a construção de um novo conhecimento. Ao pôr em ação esse critério, o docente pode detectar quando é imprescindível que ele dê informação, porque, se não a dá, o que se está lendo no texto não terá nenhum sentido do ponto de vista das crianças e será ininterpretável, e quando – em troca – o que se está lendo é suficientemente interpretável para que se possa correr o risco de devolver o problema para os alunos.

Finalmente, depois de haver analisado os problemas colocados pelo projeto curricular e de ter acompanhado de perto as vicissitudes que atravessam alguns comportamentos do leitor na instituição escolar, é relevante fechar este capítulo pondo em primeiro plano uma das idéias essenciais enunciadas no começo: a necessidade de preservar o sentido da leitura e da escrita. Retomar essa idéia através de uma experiência pessoal, que revela um dos sentidos importantes que a leitura e a escrita têm aqui e agora, contribuirá para mostrar por que o ensino das práticas de leitura e escrita não se pode limitar à transmissão de conteúdos pontuais, permitirá pôr em evidência até que ponto compartilhar essas práticas têm um sentido profundo e vital.

Faz algum tempo, ao abrir o *Página 12*,* encontrei um artigo de Horacio Verbitsky que se intitulava "Lilíada". Como, nessa mesma página, havia uma foto de Rodolfo Walsh, pude fazer algumas antecipações sobre o que Verbitsky queria dizer. Eu sabia que Lilia Ferreira, a companheira de Walsh, estava lutando para que lhe restituíssem não só o corpo, como também os manuscritos que foram seqüestrados de sua casa de San Vicente depois que Walsh fora assassinado, e imaginei, então, que o título do artigo era uma homenagem que o jornalista estava fazendo a Lilia Ferreira; era uma maneira de sugerir que ela estava protagonizando uma gesta épica.

*N. de R.T. Jornal argentino.

Quando li o artigo, comprovei que minhas suposições não estavam de todo erradas, mas também descobri outros sentidos que não pude antecipar e são precisamente esses sentidos os que me parece relevante pôr em primeiro plano.

Verbitsky conta que Lilia, depois de entregar – acompanhada por muitos escritores – o pedido de restituição na Câmara Federal, foi, com alguns amigos, tomar um café.

> Lilia disse que tinha cruzado a angústia da noite anterior à apresentação relendo os últimos cantos da *Ilíada*, de Homero, que devorou pela primeira vez em sua adolescência e à qual volta em momentos especiais. Sempre começa dizendo que ela não é uma oradora nem uma narradora e depois mantém qualquer audiência suspensa com um relato de cuja atmosfera se demora mais a sair do que custa a entrar. Perguntei-lhe por que não o escrevia para o jornal de hoje e disse que necessitaria mais tempo, porque, claro, acha que também não é uma escritora. Então lhe pedi que me repetisse o relato, para que eu o escrevesse por ela. Com o velho volume encadernado em tecido vermelho sobre a mesa, foi lendo e comentando os cantos do poema dedicados à recuperação do corpo dos mortos, ao lamento e às honras fúnebres depois da guerra mantida entre gregos e troianos.

Lilia continua lendo uma parte do relato, cujo conteúdo pode-se sintetizar assim: Heitor, o campeão dos troianos, havia matado Pátroclo – amigo de Aquiles – e queria arrastá-lo em seu carro pelo chão; Aquiles, inteirado disso, mata Heitor e pretende fazer com o cadáver o mesmo que Heitor se propunha a fazer com Pátroclo. Mas então intervém Príamo – o pai de Heitor – e no último canto inquire Hermes, mensageiro dos deuses, "se o corpo de seu filho ainda está junto com os navios ou o filho de Peleu já o destroçou para atirá-lo aos cães". Hermes informa ao ancião que o cadáver está ali e que ainda está em muito bom estado. Depois, leva Príamo até a tenda de Aquiles.

> Angustiados pela dor, ambos choram, cada um por seus mortos. "Não me peças que descanse quando Heitor ainda está insepulto em sua tenda. Entrega-me seu cadáver para que eu possa contemplá-lo", implora Príamo. "Ah, desgraçado, quão numerosos são os infortúnios que teu coração sofreu. Mas como te atreveste a vir só até os navios gregos e suportar a presença do homem que deu morte a tantos de teus valorosos filhos?" "De ferro é teu coração", responde-lhe Aquiles, o dos pés ligeiros, antes de lavar e ungir o corpo de Heitor. Depois de envolvê-lo numa túnica e num manto e colocá-lo num carro, pergunta a Príamo quantos dias deseja dispor para as honras fúnebres. "Durante este tempo permanecerei inativo e conterei o exército", promete-lhe. Príamo pede nove dias para chorá-lo, o décimo para enterrá-lo, o décimo primeiro para erigir o túmulo. "E no décimo segundo voltaremos a combater se é necessário". Aquiles concorda: "Será conforme teu desejo".

E Verbitsky conclui:

> Esta mera transcrição só procura que os leitores possam compartilhar os sentimentos mais profundos sobre a vida e a morte que o gênero humano expressou em um poema há 2.600 ou 3.000 anos e que Lilia nos devolveu ontem a três privilegiados nessa mesa de café, a metros do lugar mais prosaico da terra mais desprendida da épica.

São razões como essas as que impulsionam a juntar esforços para constituir como objeto de ensino as práticas de leitura e escrita, assim como para preservar na escola o sentido que elas tiveram e continuam tendo para os seres humanos.

NOTAS

1. Este capítulo foi baseado em uma conferência dada no Primeiro Congresso Regional de "Leitura e Vida", 19 a 31 de maio de 1997, e publicada em *Textos en Contexto*, número 4, Buenos Aires, 1998.
2. Muitas das idéias que se exporão no curso deste capítulo foram elaboradas a partir das árduas discussões mantidas cotidianamente, na Dirección de Currícula de la Secretaría de Educación de la Ciudad de Buenos Aires, com as demais integrantes da Equipe de Língua: Hilda Levy, Liliana Lotito, Estela Lorente, Silvia Lobello e Nelda Natali.
3. Lembramos ao leitor que a palavra "escritores" é utilizada aqui no sentido de pessoas que escrevem eficazmente e que podem utilizar a escrita como instrumento de reflexão sobre seu próprio pensamento.
4. Retomamos assim o sentido original dessa distinção, que não estava dirigida a produzir uma classificação dos conteúdos, mas a tornar evidente a necessidade de levar explicitamente em consideração as três dimensões para evitar a transmissão de valores ou atitudes – discriminatórios, por exemplo – para os quais não se deseja tender, mas que se filtram inadvertidamente associados a certos conteúdos ("o currículo oculto"), assim como para incluir entre os conteúdos os processos de produção do conhecimento que, no ensino usual, são deixados de lado a favor da transmissão direta dos produtos ("currículo nulo").
5. Processos similares têm lugar no caso da leitura. Ler e discutir com outros textos que se apresentam "difíceis" parece tornar possível – conforme o mostram nossas experiências didáticas – tanto coordenar saberes de diferentes leitores que contribuem para a compreensão, como dar lugar a uma progressiva interiorização de conhecimentos que cada um poderá utilizar depois, ao ler sozinho.
6. Alguns aspectos da análise que se faz neste ponto já foram desenvolvidos no *Documento de atualização curricular de língua*. Ver referências bibliográficas.

4

É possível ler na escola?[1]

> Devo ser um leitor muito ingênuo, porque nunca pensei que os romancistas quisessem dizer mais do que dizem. Quando Franz Kafka conta que Gregor Samsa apareceu certa manhã transformado em um inseto gigantesco, não me parece que isto seja símbolo de algo e a única coisa que sempre me intrigou é a que espécie de animal ele pertencia. Acho que houve, na realidade, um tempo em que os tapetes voavam e que havia gênios prisioneiros dentro das garrafas. Acho que o burro de Balã falou – como diz a Bíblia – e a única coisa que é preciso lamentar é não ter gravada sua voz, e acho que Josué derrubou as muralhas de Jericó com o poder de suas trombetas, e a única coisa lamentável é que ninguém tem transcrita a música capaz da demolição. Acho, enfim, que Vidriera – de Cervantes – realmente era de vidro, como ele dizia em sua loucura, e acredito mesmo na jubilosa verdade de que Gargantua urinava torrencialmente sobre as catedrais de Paris.
>
> Gabriel García Márquez
>
> "De como os professores de literatura pervertem seus alunos", em Caras y Caretas.[2]

Ler é entrar em outros mundos possíveis. É indagar a realidade para compreendê-la melhor, é se distanciar do texto e assumir uma postura crítica frente ao que se diz e ao que se quer dizer, é tirar carta de cidadania no mundo da cultura escrita...

É possível ler na escola? Esta pergunta pode parecer estranha: por que pôr em dúvida a viabilidade da leitura numa instituição cuja missão fundamental foi, e continua sendo, precisamente a de ensinar a ler e escrever?

No entanto, a descaracterização que a leitura sofre na escola foi mostrada de forma irrefutável. Muito antes que isso se transformasse num lugar-comum da bibliografia didática, Bernard Shaw se negava sistematicamente a aceitar que suas obras fossem parte dos programas escolares.

García Márquez se diverte analisando o que acontece com as suas, que são objeto de ensino em muito países da América latina.

> Este mesmo ano – conta o romancista em 1983 – meu filho Gonzalo teve que responder um questionário de literatura, elaborado em Londres, para um exame de admissão. Uma das perguntas pedia que se estabelecesse qual era a simbologia do galo em *Ninguém escreve ao coronel*. Gonzalo, que conhece bem o estilo de sua casa, não pôde resistir à tentação de gozar aquele sábio remoto e respondeu: "É o galo dos ovos de ouro". Mais tarde soubemos que quem teve a melhor nota foi o aluno que respondeu, como o professor tinha ensinado, que o galo do coronel era o símbolo da força popular reprimida. Quando eu soube, me alegrei mais uma vez com minha boa estrela política, porque o final que eu tinha pensado para esse livro, e que mudei na última hora, era o coronel torcendo o pescoço do galo e fazendo com ele uma sopa de protesto. Há anos coleciono estas pérolas com que os professores de literatura pervertem seus alunos. Conheço um, de muito boa fé, para quem a avó desalmada – gorda e voraz, que explora Cándida Eréndira para lhe cobrar uma dívida – é o símbolo do capitalismo insaciável. Um professor católico ensinava que a subida de Remedios ao céu era uma transposição poética da ascensão em corpo e alma da Virgem Maria [...] Um professor de literatura da Escola de Letras de La Habana dedicou muitas horas à análise de *Cem anos de solidão* e chegou à conclusão – aduladora e deprimente ao mesmo tempo – de que não tinha solução. Isso me convenceu de uma vez por todas de que a mania de interpretar acaba sendo, em última análise, uma nova forma de ficção, que às vezes termina em disparates.

A ficção não se reduz à produção de interpretações extravagantes – afinal de contas, a obra literária é aberta e aceita múltiplas interpretações. Todo o tratamento que a escola faz da leitura é fictício, começando pela imposição de uma única interpretação possível. Será que a escola é uma obra de ficção?

Para ser fiel à verdade, devo reconhecer que García Márquez reivindica a tarefa docente. Depois de assinalar que continuam acontecendo outros milagres semelhantes aos criados por Cervantes e Rabelais e que, "se não os vemos, é porque somos impedidos muitas vezes pelo racionalismo obscurantista que nos inculcam nossos professores de literatura", tem a gentileza de esclarecer:

> Tenho um grande respeito, e principalmente um grande carinho, pelo ofício de professor e por isso mesmo me reconforta saber que eles também são vítimas de um sistema de ensino que os induz a dizer besteiras. Uma das pessoas inesquecíveis em minha vida é a professora que me ensinou a ler, aos cinco anos. Era uma moça bonita e sábia, que não pretendia saber mais do que podia, e era

> tão jovem que com o tempo acabou sendo mais jovem que eu. Era ela que nos lia, em classe, os primeiros poemas. Lembro com a mesma gratidão o professor de literatura do colégio, um homem modesto e prudente que nos conduzia pelo labirinto dos bons livros sem interpretações rebuscadas. Este método possibilitava a seus alunos uma participação mais pessoal e livre no milagre da poesia. Em síntese, um curso de literatura não deveria ser mais do que um bom guia de leituras. Qualquer outra pretensão só serve para assustar as crianças. Cá pra nós, é o que penso.

Nas observações de García Márquez, estão incluídas algumas das idéias que tentarei desenvolver neste trabalho: o tratamento da leitura que costuma ser feita na escola é perigoso, porque corre o risco de "assustar as crianças", quer dizer, de distanciá-las da leitura, em vez de aproximá-las dela; ao pôr em dúvida a situação da leitura na escola, não é justo sentar os professores no banco dos réus, porque "eles são vítimas de um sistema de ensino". No entanto, não devemos perder todas as esperanças: em certas condições, a instituição escolar pode transformar-se num âmbito propício para a leitura; essas condições devem ser criadas desde antes que as crianças saibam ler no sentido convencional do termo, e uma delas é que o professor assuma o papel de intérprete e os alunos possam ler através dele.

García Márquez teve sorte em sua escolaridade. Se conseguimos criar outras condições didáticas em todas as escolas, é provável que tenhamos mais escritores geniais. Mas isto é só um detalhe. O essencial é outra coisa: fazer da escola um âmbito propício para a leitura é abrir para todos as portas dos mundos possíveis, é inaugurar um caminho que todos possam percorrer para chegar a ser cidadãos da cultura escrita.

Para esclarecer quais são as condições didáticas que é necessário criar, devem-se examinar, antes de mais nada, quais são as que atualmente dificultam a formação de leitores.

A REALIDADE NÃO SE RESPONSABILIZA PELA PERDA DE SUAS (NOSSAS) ILUSÕES (OU – NÃO. NÃO É POSSÍVEL LER NA ESCOLA)

Ao analisar a prática escolar da leitura, lembramos a legenda que costuma aparecer nos filmes: "Qualquer semelhança com a realidade é mera coincidência". E as semelhanças com o uso social da leitura são realmente escassas. A apresentação da leitura como objeto de ensino – a já mencionada *transposição didática* (Chevallard, 1997) – está tão distante da realidade que não é nada fácil encontrar coincidências. Pelo contrário, as perguntas que fazemos ao "ver o filme" se referem às discrepâncias flagrantes entre a versão social e a versão escolar da leitura: por que a leitura – tão útil na vida real para cumprir diversos propósitos – aparece na escola como uma atividade gratuita, cujo único objetivo é aprender a ler? Por que se ensina uma única maneira de ler – linearmente, palavra por palavra, desde a primeira até a última que se encontra no texto –, se os leitores usam modalidades diversas em função do objetivo que se propuseram? (às vezes lêem minuciosamente, mas outras vezes exploram só certas partes do texto ou saltam o que não lhes interessa; em certas situações, controlam com cuidado o que estão compreendendo, enquanto que, em outras, se permitem interpretar mais livremente o sentido do que estão lendo); Por que se enfatiza tanto a leitura oral – que não é muito freqüente em outros contextos – e tão pouco a leitura para si mesmo? Por que se usam textos específicos para ensinar, diferentes dos que se lêem fora da escola? Por que se espera que a leitura reproduza com exatidão o que literalmente está escrito, se os leitores que se centram na construção de um significado para o texto evitam perder tempo em identificar cada uma das palavras que nele figuram e costumam substituí-las por expressões sinônimas? Por que se supõe na escola que existe uma só interpretação correta de cada texto (e conseqüentemente se avalia), quando a experiência de todo leitor mostra tantas discussões originadas nas diversas interpretações possíveis de um artigo ou de um romance?

Como explicar essas discrepâncias? Originam-se em autênticas necessidades didáticas? É necessário transformar – deformar – desse modo a leitura para conseguir que as crianças aprendam a ler?

Dois fatores essenciais parecem conjugar-se, em perfeito e duradouro casamento, para criar esta versão fictícia da leitura: a teoria condutista* da aprendizagem e um conjunto de regras, pressões e exigências fortemente arraigadas na instituição escolar.

Dar resposta às interrogações antes formuladas permitirá mostrar como se entrelaçam os fatores que estão em jogo na escola.

A leitura aparece desgarrada dos propósitos que lhe dão sentido no uso social, porque a construção do sentido não é considerada como uma condição necessária para a aprendizagem. A teoria oficial na escola considera – diria Piaget[3] – que o funcionamento cognitivo das crianças é totalmente diferente do dos adultos: enquanto estes aprendem apenas o que lhes é significativo, as crianças poderiam aprender tudo aquilo que ensinassem a elas, independentemente de que possam ou não lhe atribuir um sentido. Por outro lado, segundo as regras institucionais, é o docente quem tem o direito (e também o dever) de atribuir sentido às atividades que propõe: elas devem "cumprir os objetivos" estabelecidos pelo ensino.

Por que se ensina uma única maneira de ler? Esta é, em primeiro lugar, uma conseqüência imediata da ausência de propósitos que orientem a leitura, porque a diversidade de modalidades só se pode fazer presente – como veremos depois – em função dos diversos propósitos a que o leitor aponta e dos

*N. de R.T. Em português, usa-se também os termos "comportamentalista" e "behaviorista".

diversos textos que utiliza para cumpri-los. Quando o propósito que a instituição apresenta é um só – aprender a ler ou, no máximo, ser avaliado –, a modalidade que se atualiza é também única. Quando o trabalho é feito com uns poucos livros que, além do mais, pertencem ao gênero "texto escolar", se dificulta ainda mais a possibilidade de que apareçam diferentes maneiras de ler. Por outro lado, permitir o ingresso de uma única modalidade de leitura e de um único tipo de texto facilita o exercício de uma importante exigência institucional: o controle rigoroso da aprendizagem.

O predomínio da leitura em voz alta deriva indubitavelmente de uma concepção da aprendizagem que põe em primeiro plano as manifestações externas da atividade intelectual, deixando de lado os processos subjacentes que as tornam possíveis. Mas a necessidade de controle faz sentir sua influência também nesse caso, já que avaliar a aprendizagem da leitura será mais difícil se na sala de aula predominarem as situações de leitura silenciosa. A exigência de oralizar com exatidão o que está escrito – de fazer uma leitura escrupulosamente literal – é resultante não só do desconhecimento do processo leitor como também da preocupação pelo controle minucioso da aprendizagem: se se permitisse aos alunos substituir as palavras do texto, por mais pertinentes que essas substituições fossem, quais seriam os parâmetros para determinar a correção ou incorreção da leitura?

O uso de textos especialmente projetados para o ensino da leitura é apenas uma das manifestações de um postulado básico da concepção vigente na escola: o processo de aprendizagem evolui do "simples" para o "complexo"; portanto, para ensinar saberes complexos é necessário decompô-los em seus elementos constituintes e distribuir a apresentação desses elementos ao longo do tempo, começando, naturalmente, pelo mais simples. Por outro lado, essa fragmentação do conteúdo para distribuí-lo no tempo – já analisada em capítulos anteriores – favorece o controle: controlar a aprendizagem de cada pequena parcela é indubitavelmente mais fácil do que seria controlar a aprendizagem da linguagem escrita ou da leitura, se se apresentassem com toda sua complexidade. É assim que a linguagem escrita e o ato de leitura desaparecem – sacrificados em função da graduação e do controle – e com eles desaparecem os textos que se usam fora da escola: a complexidade dos textos socialmente utilizados se adapta mal às exigências escolares; a exigência de simplificação – e também de brevidade – é tanta, que é impossível encontrar, entre os textos verdadeiros, algum que reúna os requisitos pré-fixados. A única solução é, então, recorrer a livros-texto especialmente elaborados.

Finalmente, o reconhecimento de uma única interpretação válida para cada texto é consistente com uma postura teórica segundo a qual o significado está no texto, em vez de se construir graças ao esforço de interpretação realizado pelo leitor – quer dizer, graças à interação do sujeito-leitor com o objeto-texto. Mas também aqui podemos reconhecer a reprodução do "contrato didático" já analisado em capítulos anteriores: o direito a decidir sobre a validade da interpretação é privativo do professor. Por outro lado, quando há uma única interpretação em jogo, o controle é facilitado: a da criança coincide ou não coincide com a do professor, é correta ou incorreta. Muito mais difícil é tentar compreender as interpretações das crianças e se apoiar nelas para ajudá-las a construir uma interpretação cada vez mais ajustada.

Em síntese, uma teoria da aprendizagem que não se ocupa do sentido que a leitura possa ter para as crianças e concebe a aquisição do conhecimento como um processo acumulativo e graduado, um parcelamento do conteúdo em elementos supostamente simples, uma distribuição do tempo escolar que atribui um período determinado à aprendizagem de cada um desses elementos, um controle estrito da aprendizagem de cada parcela e um conjunto de regras que concedem ao professor certos direitos e deveres que somente ele pode exercer – enquanto o aluno exerce outros complementares – são os fatores que se articulam para tornar impossível a leitura na escola.

Quais são então as ilusões perdidas? Perdemos a ilusão da naturalidade. Antes, nos parecia simples introduzir na escola a versão social da leitura. Para conseguir que as crianças chegassem a ser leitores, parecia suficiente preencher dois requisitos: respeitar a natureza da prática social da leitura e levar em conta os processos construtivos das crianças. Cumpridas essas duas condições, tudo aconteceria naturalmente. Agora sabemos que a concepção que se tem do objeto e do sujeito está longe de ser o único fator determinante da versão escolar da leitura, que a persistência das concepções vigentes se explica por sua perfeita articulação com regras e exigências próprias da instituição escolar. Agora sabemos que a complexidade não é "natural" para a escola, porque é muito mais problemática do ponto de vista da gestão do tempo e da necessidade de controle: como distribuir no tempo o ensino de um objeto complexo, se ele não for parcelado? Como controlar o progresso da aprendizagem quando o objeto se apresenta em toda sua complexidade? Se também é complexo o processo de reconstrução do objeto por parte da criança, se a aprendizagem não é a soma de pequenas aprendizagens, mas um processo de reorganização do conhecimento de objetos complexos, quais são os parâmetros que permitirão controlar as aproximações sucessivas? Agora sabemos que, para chegar a ser leitor, o aluno teria que exercer alguns direitos e deveres que – segundo o "contrato didático" imperante no ensino usual – são privativos do professor; sabemos também que não é natural para a escola que os direitos e deveres sejam compartilhados pelo docente e pelos alunos, porque uma distinção nítida dos papéis é necessária para concretizar o ensino e a aprendizagem, para cumprir a função que a sociedade atribuiu à escola.

Dado que a escola tem uma missão específica, os objetos de conhecimento – a leitura, neste caso – ingressam nela como "objetos de ensino". Por outro lado, não é "natural" que a leitura tenha na escola o mesmo sentido que tem fora dela. Se pretendemos que esse sentido se conserve, teremos que realizar um forte trabalho didático para consegui-lo. Esse trabalho começa por reconhecer que, efetivamente, a escola é um âmbito de ficção. E a obra que poremos em cena hoje é...

A ESCOLA COMO MICROSSOCIEDADE DE LEITORES E ESCRITORES (OU – SIM. É POSSÍVEL LER NA ESCOLA)

Enfrentamos um grande desafio: construir uma nova versão fictícia da leitura, uma versão que se ajuste muito mais à prática social que tentamos comunicar e permita a nossos alunos se apropriarem efetivamente dela. Articular a teoria construtivista da aprendizagem com as regras e exigências institucionais está longe de ser fácil: é preciso encontrar outra maneira de administrar o tempo, é preciso criar novos modos de controlar a aprendizagem, é preciso transformar a distribuição dos papéis do professor e do aluno em relação à leitura, é preciso conciliar os objetivos institucionais com os objetivos pessoais dos alunos...

Elaborar uma boa versão necessita não só de muitos ensaios, como também de uma reflexão crítica e profunda sobre cada um deles, para que o seguinte seja melhor realizado, necessita também da cooperação constante com colegas empenhados na mesma tarefa. É por isso que a versão que apresentamos aqui é baseada no trabalho de diversos pesquisadores, cujas produções contribuíram decisivamente para elaborá-la, assim como na contribuição ativa e reflexiva de muitos professores. As situações e projetos didáticos que se esquematizarão nos próximos pontos foram postos em práticas muitas vezes e no quadro de condições muito diversas: em distintos países, com populações escolares diferentes, sob a responsabilidade de professores que lutam para desenvolver projetos pioneiros no seio de instituições que não os favorecem, ou de docentes que integram equipes ou trabalham em escolas que elaboram e sustentam projetos comuns. O funcionamento dessas situações foi estudado no quadro de diferentes experiências, e o confronto entre elas permitiu fazer ajustes no projeto original, começar a distinguir os aspectos gerais que são necessários para cumprir os propósitos que se perseguem daqueles que são contingentes e podem variar em função das particularidades de cada contexto de aplicação.

A análise que exporemos dos diferentes aspectos a considerar é, naturalmente, provisória: expressa apenas o estado atual de nossos conhecimentos, com suas possibilidades e suas limitações.

O SENTIDO DA LEITURA NA ESCOLA: PROPÓSITOS DIDÁTICOS E PROPÓSITOS DO ALUNO

Na escola – já dissemos – a leitura é antes de mais nada um objeto de ensino. Para que também se transforme num objeto de aprendizagem, é necessário que tenha sentido do ponto de vista do aluno, o que significa – entre outras coisas – que deve cumprir uma função para a realização de um propósito que ele conhece e valoriza. Para que a leitura como objeto de ensino não se afaste demasiado da prática social que se quer comunicar, é imprescindível "representar" – ou "reapresentar" –, na escola, os diversos usos que ela tem na vida social.

Em conseqüência, cada situação de leitura responderá a um duplo propósito. Por um lado, um propósito didático: ensinar certos conteúdos constitutivos da prática social da leitura, com o objetivo de que o aluno possa reutilizá-los no futuro, em situações não-didáticas. Por outro lado, um propósito comunicativo relevante desde a perspectiva atual do aluno.

Trata-se então de pôr em cena esse tipo particular de situações didáticas que Brousseau (1986) chamou de "a-ditáticas" porque propiciam o encontro dos alunos com um problema que devem resolver por si mesmos, porque funcionam de tal modo que o professor – embora intervenha de diversas maneiras para orientar a aprendizagem – não explicita o que sabe (não torna público o saber que permite resolver o problema) e porque tornam possível criar no aluno um projeto próprio, permitem mobilizar o desejo de aprender de forma independente do desejo do professor. No caso da leitura (e da escrita), os projetos de interpretação-produção organizados para cumprir uma finalidade específica – vinculada em geral à elaboração de um produto tangível –, projetos que já são clássicos em didática da língua escrita, parecem cumprir com as condições necessárias para dar sentido à leitura.

Agora, os projetos devem ser dirigidos para a realização de algum (ou vários) dos propósitos sociais da leitura: ler para resolver um problema prático (fazer uma comida, utilizar um aparelho, construir um móvel); ler para se informar sobre um tema de interesse (pertencente à atualidade política, cultural, etc., ou ao saber científico); ler para escrever, quer dizer, para produzir o conhecimento que se tem sobre o tema do artigo que a pessoa está escrevendo ou da monografia que deve entregar; ler para buscar informações específicas que se necessitam por algum motivo – o endereço de alguém ou o significado de uma palavra, por exemplo. Os projetos vinculados à leitura literária se orientam para propósitos mais pessoais: lêem-se muitos contos ou poemas, para escolher aqueles que se deseja compartilhar com outros leitores; lêem-se romances, para se internar no mundo de um autor, para se identificar com o personagem predileto – antecipando, por exemplo, o raciocínio que permitirá ao detetive resolver um novo "caso" – ou para viver excitantes aventuras que permitem transcender os limites da realidade cotidiana.

Cada um desses propósitos põe em marcha uma modalidade diferente de leitura (Solé, 1993): quando o objetivo é obter informação geral sobre a atualidade nacional, o leitor opera de forma seletiva: lê as manchetes de todas as notícias e a introdução das mais importantes (para ele), mas se detém apenas naquelas que lhe concernem diretamente, ou lhe interessam mais...; quando o objetivo da leitura é resolver um problema prático, o leitor tende a examinar escrupulosamente toda a informação fornecida pelo texto, já que isso é necessário para conseguir ligar o aparelho que quer fazer funcionar, ou para que o objeto que está construindo tenha a forma e as dimensões adequadas... Quando o leitor se entrega à leitura literária, sente-se autorizado – em compensação – a se concentrar na ação e saltar as descrições, a reler várias vezes as frases cuja beleza, ironia ou precisão causam impacto, a se deixar levar pelas imagens ou evocações que a leitura suscita nele...

Diferentes modalidades de leitura podem ser utilizadas, em distintas situações, frente a um mesmo tipo de texto: um mesmo material informativo-científico pode ser lido para se obter uma informação global, para se buscar um dado específico ou para aprofundar um aspecto determinado do tema sobre o qual se está escrevendo; um artigo jornalístico pode ser lido num momento simplesmente para se conhecer o ponto de vista do autor sobre um tema de interesse para o leitor e ser utilizado em outro momento como objeto de reflexão, como subsídio para a análise de outra questão – é o que me ocorreu com o artigo de García Márquez, cujo comentário dá início a este texto; um poema ou um conto podem ser lidos em certo momento buscando um prazer estético e se transformar, em outra situação, no meio que permite comunicar algo a alguém.

Diversidade de propósitos, diversidade de modalidades de leitura, diversidade de textos e diversidade de combinações entre eles... A inclusão dessas diversidades (Ferreiro, 1994) – assim como sua articulação com as regras de exigências escolares – é um dos componentes da complexidade didática que é necessário assumir quando se opta por apresentar a leitura na escola sem simplificações, velando por conservar sua natureza e, portanto, sua complexidade como prática social.

Como se articulam os propósitos didáticos e os propósitos comunicativos aos quais aponta o projeto proposto? Se, ao criar o projeto, se leva em conta ambos os tipos de propósitos – tanto os que se referem ao ensino e à aprendizagem como os inspirados na prática social da leitura –, essa articulação não apresenta maiores problemas: enquanto se desenvolvem as atividades necessárias para cumprir com o propósito comunicativo imediato, vão-se cumprindo também aqueles que se referem à aprendizagem de conteúdos que os alunos deverão manejar no futuro, como adultos. Analisemos alguns exemplos:

1. *Produção de uma fita de poemas* (projeto realizado na 2ª série do ensino fundamental, no começo do ano letivo).

A) Propósitos: o *propósito comunicativo* perseguido pelas crianças ao ler – produzir uma fita de poemas – está enquadrado num propósito social mais geral: compartilhar, com outras pessoas, textos que o leitor considera comovedores ou interessantes. Os *propósitos didáticos* são vários: fazer os alunos ingressarem no mundo poético, pô-los em contato com a obra de diferentes poetas, criar condições que lhes permitam avançar como leitores "em voz alta"...

B) *Destinatários:* grupos de educação infantil da escola e biblioteca falante para cegos.

C) Seqüência de atividades:

a) Proposta do projeto às crianças e discussão do plano de trabalho.

b) Seleção dos poemas a serem gravados: a professora lê muitos poemas – alguns ela mesma encontrou, outros foram sugeridos pela bibliotecária ou pelas crianças, todos passaram no "exame" de qualidade literária. Cada criança anota os títulos dos poemas que gostaria de gravar. Esta atividade ocupa muitas horas de aula: desfruta-se de cada um dos poemas, trocam-se impressões, as crianças pedem que a professora releia algum poema de que gostaram muito, fala-se sobre os autores, lêem-se outros poemas dos poetas favoritos...

c) Organização da tarefa: levando em conta os poemas escolhidos e as possibilidades de ajuda mútua, a professora forma os grupos de crianças que trabalharão juntas (de duas em duas). Cada dupla relê os poemas que gravará. As crianças trocam idéias acerca de como ler cada um. Decidem (provisoriamente) qual integrante da dupla gravará cada um dos poemas. Levam os poemas para suas casas, para ensaiar.

d) Audição de fitas gravadas por poetas ou recitadores.

e) Gravação (ensaio): cada dupla – e cada criança – grava os poemas escolhidos. Depois de terem gravado os dois primeiros (cada criança um), escutam, analisam, decidem modificações. Fazem uma nova gravação, voltam a escutar e determinam se será necessário gravar de novo. Experimentam com outros poemas.

f) Audição: o grupo total escuta as gravações realizadas até o momento. As "duplas" trocam sugestões.

g) Gravação (segundo ensaio): cada dupla grava de novo, levando em conta as recomendações dos ouvintes. Ouvem o que foi gravado, fazem as correções necessárias. Repetem o processo com os poemas que faltam. Em alguns casos, é preciso ensaiar de novo e regravar. Em outros casos, o poema já está "pronto" para sua gravação definitiva.

h) Gravação final (continuam fazendo correções, algumas sugeridas pelas crianças, outras indicadas pela professora, até que esta declara que o produto é aceitável e que é preciso encerrar a atividade).

i) Escuta-se (todo o grupo) a fita que a professora editou, copiando as gravações de todos.

j) Redige-se uma carta coletiva, apresentando a fita para os destinatários, solicitando-lhes resposta e "crítica" construtiva.

Cumpriu-se o propósito comunicativo proposto pelo projeto e desenvolveram-se também objetivos de ensino e aprendizagem: garantiu-se um intenso contato com variados textos de um mesmo gênero, e agora as crianças sabem muito mais que antes sobre poemas e poetas; presenciar a leitura da professora e ouvir gravações realizadas por recitadores ou poetas permitiu desfrutar das possibilidades desse gênero literário em que a forma de dizer adquire um valor específico; os entusiasmados e reiterados ensaios, as autocorreções infinitas e as sugestões dos ouvintes (sobre a ênfase que convinha dar a uma palavra, sobre a intensidade da voz em determinada passagem, sobre a tendência de alguns a acentuar demasiado a rima...) permitiram avançar consideravelmente como "leitores em voz alta".

Antes de abandonar este exemplo, uma observação: no quadro deste projeto – ou de outros similares – a leitura em voz alta deixa de ser um mero exercício "para aprender a ler em voz alta" ou um meio para avaliar a "oralização do texto", e adquire sentido, porque se constitui num veículo de comunicação. E, embora pareça paradoxal, permite aprender muito mais precisamente, porque não serve somente para aprender: para as crianças é altamente significativo, neste caso, "ler bem", porque querem comunicar-se com seu público e, por isso, ensaiarão repetidas vezes, até conseguir os resultados que desejam. Ao mesmo tempo, as crianças descobrirão que ler em voz alta pode ser divertido e que podem chegar a ler muito melhor do que suspeitavam.

2. *Instalação de uma "consultoria" que proporciona diferentes tipos de informação*[4] (projeto realizado na 4ª série do ensino fundamental).

A) Propósitos: o *propósito comunicativo* perseguido pelas crianças é responder as perguntas enviadas à "consultoria" por diferentes membros da comunidade escolar; no curso do projeto serão postos em ação diversos propósitos sociais da leitura e da escrita: ler para extrair informações específicas, escrever para comunicar a outros, ler para escrever. Ensinar as crianças a localizar a informação que buscam e a ler textos que são difíceis porque não foram escritos especialmente para elas, assim como ajudá-las a avançar como produtores de textos expositivos são os *propósitos didáticos* essenciais para os quais se orienta este projeto.

B) Destinatários: todos os alunos da escola, professores e pais.

C) Seqüência de atividades: o desenvolvimento do projeto contempla duas etapas: "curso de capacitação" e abertura da consultoria. Depois de propor o projeto às crianças e de discutir com elas o plano de trabalho, se inicia o "curso de capacitação"[5] que compreende as seguintes atividades:

a) Visita a diversas bibliotecas, com o objetivo de buscar informações que lhes permitam responder algumas perguntas predeterminadas: em cada uma dessas visitas, além de entrevistar a bibliotecária para conhecer o funcionamento da biblioteca e de apreciar a diversidade de materiais que nela podem ser encontrados, as crianças têm oportunidade de exercer comportamentos próprios do leitor: selecionar os livros nos quais poderiam achar a informação que buscam, localizá-la – o que implica manejo do índice, exploração de capítulos, orientando-se pelos títulos, leitura seletiva, etc. –, fazer anotações da informação recolhida e anotar referências...

b) Elaboração, individual ou por duplas, da resposta a algumas das perguntas apresentadas antes: trata-se de perguntas simples, que podem ser respondidas com base na informação proporcionada por um só texto: por exemplo, para encontrar a resposta à "quem foi Albert Einstein?", é suficiente consultar uma boa enciclopédia. O trabalho das crianças consiste então em elaborar o texto da resposta baseando-se nas notas que tomaram na biblioteca e voltando a consultar, se for necessário, o texto original. Finalmente, são comparadas as diferentes respostas dadas a cada pergunta, para discutir acerca da relevância da informação selecionada.

c) Elaboração coletiva da resposta a uma pergunta que tem certa complexidade para as crianças: a pergunta – formulada pela professora – apresenta um problema acerca de um conteúdo interessante para os alunos, sobre o qual não têm muitos conhecimentos prévios. Para responder à pergunta, são planejadas situações de leitura e de escrita, cada uma das quais se desenvolve ao longo de várias aulas.

Situações de leitura

Os *textos* escolhidos cumprem pelo menos duas condições: nenhum deles proporciona, de maneira direta, a resposta à pergunta feita; são relativamente difíceis para os alunos, porque as respostas são extraídas de enciclopédias dirigidas ao público em geral (quer dizer, são textos que não foram escritos especialmente "para crianças").

A *organização da tarefa* leva em conta as condições anteriores: lêem-se sucessivamente vários textos (dois ou três) que proporcionam informações complementares; organiza-se a situação de leitura por duplas ou em grupos muito pequenos, de tal modo que as crianças possam colaborar entre si e também fazer todas as consultas que necessitem ao professor; ao responder às consultas, o professor proporciona conhecimentos que considera necessários para que as crianças possam compreender o que estão lendo. Ao ler o segundo e o terceiro texto, vão-se estabelecendo relações com o que se discutiu acerca do ou dos textos já lidos.

Como as crianças deverão responder por escrito à pergunta apresentada, decide-se tomar notas, durante a leitura, dos aspectos que sejam relevantes para elaborar a resposta.

Situações de escrita

O *planejamento* do texto que será produzido se realiza a partir da discussão das notas tomadas pelas crianças no curso das situações de leitura, discussão que obriga a reler partes do texto para verificar ou rejeitar interpretações e permite chegar a um acordo acerca dos aspectos que devem ser incluídos na resposta. Discute-se também sobre a organização do texto e se elabora um apontamento, ordenando os subtemas que serão tratados.

O processo de *textualização* se realiza, nesse caso, através de um ditado das crianças para o professor, já que se trata de produzir um único texto. A produção coletiva permite ir discutindo a forma como se comunicarão as idéias – as crianças ditam diferentes possibilidades, que são discutidas e a partir das quais se vai elaborando uma versão mais adequada – e dá lugar a uma forte intervenção do professor, que mostra para as crianças alguns problemas que elas não detectam por si mesmas (por exemplo: frases que podem resultar ambíguas para alguém que não leu os mesmos textos que elas, necessidade de substituir expressões próprias da oralidade por outras que sejam mais adequadas num texto expositivo...). Através de sucessivas *revisões* do que se foi escrevendo e da reflexão sobre as relações entre o já escrito e o que se vai escrever, tenta-se assegurar a coerência do texto. Em muitos casos, modifica-se o plano originalmente elaborado: no curso da textualização, são detectadas relações que antes não tinham sido estabelecidas, percebe-se a necessidade de explicitar aspectos que antes haviam permanecido implícitos ou a possibilidade de organizar as idéias de outra maneira, mais compreensível para o leitor.

A *revisão final* supõe várias releituras do texto, focalizadas em diferentes aspectos: o apelo ao interesse do leitor, a clareza da exposição e a articulação dos subtemas tratados, a pontuação, a ortografia.

Quando a versão final do texto está pronta, considera-se o "curso de capacitação" concluído. Todas as crianças obtêm seus "diplomas" e se passa à segunda etapa.

A *abertura da consultoria* começa com uma comunicação aos pais, na qual são informados tanto sobre os objetivos do projeto como sobre as atividades já realizadas e são convidados a enviar perguntas. Estas devem reunir certas condições: referir-se a determinadas áreas do conhecimento – Ciências Naturais e História da Arte, por exemplo – e estar formuladas de tal modo que requeiram a elaboração de um texto para respondê-las (quer dizer, que não possam ser respondidas através de uma palavra ou uma lista). A comunicação ao pessoal da direção, aos professores e às outras crianças pode ser feita oralmente, ou pode ser utilizada como um motivo para produzir textos publicitários (cartazes ou folhetos) que serão distribuídos na escola. Quando as perguntas começam a chegar, realizam-se as seguintes atividades:

d) Leitura das perguntas, classificação por tema e seleção: como é natural que se recebam muitas perguntas, é preciso decidir quais serão respondidas em primeiro lugar. Analisa-se em que medida as perguntas se ajustam às condições estabelecidas e se descartam aquelas que não as cumprem.

e) Distribuição das perguntas por duplas, levando em conta as preferências e as possibilidades das crianças.

f) Elaboração da resposta: cada dupla se encarrega – com a orientação da professora e, quando for possível, da bibliotecária – de elaborar a resposta a uma pergunta: busca e localiza a informação pedida em diferentes textos, lê os que selecionou e toma nota das informações essenciais, planeja e redige a resposta.

g) Consulta a leitores: antes de fazer a revisão final, cada dupla submete seu texto à consideração de outra dupla. As crianças da dupla "leitora" fazem sugestões à dupla "escritora" com o objetivo de que o texto fique mais compreensível e melhor escrito.

h) Revisão final: os integrantes de cada dupla "escritora" analisam as sugestões recebidas, decidem quais adotarão e quais não acham necessário levar em conta, consultam suas decisões com o professor, fazem as modificações previstas e também outras que se tornam necessárias a partir das anteriores, consultam o professor sobre estas novas modificações, revisam a ortografia...

i) Envio da resposta aos destinatários.

j) Distribuição de uma nova pergunta para cada dupla: para respondê-la, repete-se o ciclo anterior, mas desta vez com maior autonomia por parte dos alunos. Já não é necessário que todo o trabalho seja realizado em classe, as crianças estão agora em condições de realizar por si mesmas – às vezes em sua casa – boa parte do processo.

Quando a consultoria está em funcionamento, as crianças põem em ação o aprendido no "curso de capacitação": estão em condições de antecipar em que livros, dicionários ou enciclopédias podem encontrar a informação que buscam, dispõem de estratégias que lhes permitem localizá-la com maior facilidade, se atrevem a empreender a leitura de textos que são um pouco difíceis e são capazes de continuar lendo embora encontrem alguns obstáculos, sabem que estão autorizadas a selecionar a informação que consideram pertinente para responder à pergunta apresentada, conhecem alguns dos problemas enfrentados ao produzir um texto expositivo e também algumas possíveis soluções... Mas agora já não lêem e escrevem só "para aprender" – como faziam durante o "curso" – mas também para cumprir um propósito comunicativo imediato: responder às perguntas que lhes foram formuladas.

A articulação entre propósitos didáticos e propósitos comunicativos adquire neste projeto características peculiares, já que – ao contrário do que é habitual em outros projetos – se dedica um período específico somente para os primeiros. A prioridade (transitória) ajustada neste caso aos propósitos didáticos está vinculada com a distância que há entre os conhecimentos prévios das crianças e as exigências colocadas: enquanto as crianças se deparam, pela primeira vez neste projeto, com problemas tais como localizar as informações, ler textos não dirigidos especificamente ao público infantil, ou produzir por si mesmas textos expositivos, o funcionamento da consultoria requer que a localização da informação seja rápida, que a leitura possa ser feita com relativa autonomia e que a produção escrita se realize individualmente ou por duplas – quer dizer, com menor intervenção por parte do docente do que se se realizasse de forma coletiva. Cumprir com essas exigências é imprescindível para dar resposta num curto período às perguntas numerosas e relativamente imprevisíveis que os "clientes" possam fazer.

De qualquer forma, apesar de os propósitos didáticos estarem em primeiro plano durante o "curso de capacitação", as situações de leitura e escrita estão carregadas de sentido também durante esta primeira etapa do projeto, porque o "curso" foi concebido e é apresentado às crianças como um conjunto de ensaios que consistem em resolver situações similares às que terão que enfrentar a seguir, quando a consultoria já esteja em funcionamento.

Inaugurada a consultoria, os propósitos comunicativos são os que estão em primeiro plano para as crianças: tanto ao ler como ao escrever, elas terão que considerar o ponto de vista do destinatário – um destinatário específico e conhecido, mas alheio à classe –, já que somente assim poderão produzir textos compreensíveis para alguém que não participou do processo de elaboração das respostas. Naturalmente, os propósitos didáticos continuam presentes: as crianças avançam em suas possibilidades de localizar informação em diferentes materiais, familiarizam-se mais com textos expositivos das áreas escolhidas do conhecimento, enfrentam com autonomia crescente o desafio de ler e escrever esse tipo de texto. E, naturalmente, aprendem muito sobre os temas que são objeto de sua indagação.

É assim que a organização baseada em projetos permite coordenar os propósitos do docente com os dos alunos e contribui tanto para preservar o sentido social da leitura como para dotá-la um sentido pessoal para as crianças.

GESTÃO DO TEMPO, APRESENTAÇÃO DOS CONTEÚDOS E ORGANIZAÇÃO DAS ATIVIDADES

O tempo é – todos nós, professores, sabemos muito bem – um fator de peso na instituição escolar: sempre é escasso em relação à quantidade de conteúdos fixados no programa, nunca é suficiente para comunicar às crianças tudo o que desejaríamos ensinar em cada ano escolar.

Quando se opta por apresentar os objetos de estudo em toda sua complexidade e por reconhecer que a aprendizagem progride através de sucessivas reorganizações do conhecimento, o problema da distribuição do tempo deixa de ser simplesmente quantitativo: não se trata somente de aumentar o tempo ou de reduzir os conteúdos, trata-se de produzir uma mudança qualitativa na utilização do tempo didático.

Para concretizar essa mudança, parece necessário – além de se atrever a romper com a correspondência linear entre parcelas de conhecimento e parcelas de tempo – cumprir, pelo menos, com duas condições: manejar com flexibilidade a duração das situações didáticas e tornar possível a retomada dos próprios conteúdos em diferentes oportunidades e a partir de perspectivas diversas. Criar essas condições requer pôr em ação diferentes modalidades organizativas: projetos, atividades habituais, seqüências de situações e atividades independentes coexistem e se articulam ao longo do ano escolar.

1. Os projetos – além de oferecer, como já assinalamos, contextos nos quais a leitura ganha sentido e aparece como uma atividade complexa cujos diversos aspectos se articulam ao se orientar para a realização de um propósito – permitem uma organização muito flexível do tempo: segundo o objetivo que se persiga, um projeto pode ocupar somente uns dias, ou se desenvolver ao longo de vários meses. Os projetos de longa duração proporcionam a oportunidade de compartilhar com os alunos o planejamento da tarefa e sua distribuição no tempo: uma vez fixada a data em que o produto final deve estar elaborado, é possível discutir um cronograma retroativo e definir as etapas que será necessário percorrer, as responsabilidades que cada grupo deverá assumir e as datas que deverão ser respeitadas para se alcançar o combinado no prazo previsto. Por outro lado, a sucessão de projetos diferentes – em cada ano letivo e, em geral, no curso da escolaridade – torna possível voltar a trabalhar sobre a leitura de diferentes pontos de vista, para cumprir diferentes propósitos e em relação a diferentes tipos de texto.

2. As *atividades habituais*, que se reiteram de forma sistemática e previsível uma vez por semana ou por quinzena, durante vários meses ou ao longo de todo o ano escolar, oferecem a oportunidade de interagir intensamente com um gênero determinado em cada ano da escolaridade e são particularmente apropriadas para comunicar certos aspectos do comportamento leitor.

Na 2ª série do ensino fundamental, por exemplo, uma atividade habitual que se costuma realizar é "a hora dos contadores de histórias": as crianças se responsabilizam, de forma rotativa, por contar ou ler um conto que elas mesmas escolheram (orientadas pela professora) e cuja apresentação prepararam previamente, de tal modo que se torne clara e compreensível para o auditório. A criança que assume o papel de "contador de história" deve cumprir certos procedimentos: explicitar as razões que a levaram a escolher a história, conhecer alguns dados sobre a vida e a obra do autor, comentar com seus colegas os episódios ou personagens que lhe são atrativos (ou não). Terminada a leitura (ou o relato), os demais alunos podem intervir fazendo perguntas ou comentários. A discussão se generaliza: analisam-se as ações dos personagens, compara-se com outros contos conhecidos, são feitas apreciações sobre a qualidade do que se acaba de ler...

Em outras séries, a atividade habitual costuma centrar-se em outros gêneros: pode tratar-se do comentário de "curiosidades científicas" – e preparar-se para responder às inquietações que as crianças apresentam sobre o funcionamento da natureza e a intensificar seu contato com o discurso informativo-científico – ou da leitura e discussão de notícias, atividade dirigida a formar leitores críticos dos meios de comunicação.

As atividades habituais também são adequadas para cumprir outro objetivo didático: o de favorecer a aproximação das crianças a textos que não abordariam por si mesmas por causa de sua extensão. Ler cada semana um capítulo de um romance é uma atividade que costuma ser frutífera nesse sentido. A leitura é compartilhada: a professora e os alunos lêem alternadamente em voz alta; escolhe-se um romance de aventuras ou de suspense que possa captar o interesse das crianças e se interrompe a leitura em pontos estratégicos, para criar expectativa. Algumas crianças – nem sempre as mesmas – se interessam tanto que conseguem o livro para continuar lendo em casa e depois contam a seus colegas os capítulos que já leram para que a leitura compartilhada possa avançar.

A forma como se distribui o tempo de aula representa a importância que se atribui aos diferentes conteúdos. Ao destinar momentos específicos e preestabelecidos que serão sistematicamente dedicados à leitura, comunica-se às crianças que ela é uma atividade muito valorizada. Este é um dos benefícios que as atividades habituais proporcionam.

3. As *seqüências de atividades* estão direcionadas para se ler com as crianças diferentes exemplares de um mesmo gênero ou subgênero (poemas, contos de aventuras, contos fantásticos...), diferentes obras de um mesmo autor ou diferentes textos sobre um mesmo tema.

Ao contrário dos projetos, que se orientam para a elaboração de um produto tangível, as seqüências incluem situações de leitura cujo único propósito explícito – compartilhado com as crianças – é ler.

Ao contrário das atividades habituais, essas seqüências têm uma duração limitada a algumas semanas de aula, o que permite realizar-se várias delas no curso do ano letivo e se ter, assim, acesso a diferentes gêneros. Contribuem para cumprir diversos objetivos didáticos: comunicar o sentido e o prazer de ler para conhecer outros mundos possíveis, desenvolver as possibilidades dos alunos de apreciar a qualidade literária (ou detectar sua ausência), formar critérios de seleção do material a ser lido, gerar comportamentos leitores como o seguimento de determinado gênero, tema ou autor.

No curso de cada seqüência se incluem – como nos projetos – atividades coletivas, grupais e individuais. Desse modo, propicia-se tanto a colaboração entre os leitores para compreender o texto e o confronto de suas diferentes interpretações, como a leitura pessoal que permite a cada criança interagir livremente com o texto, quer dizer: reler o que mais lhe agradou, saltar o que não lhe interessa, deter-se ou voltar para verificar uma interpretação de que não está seguro... O empréstimo de livros permitirá, além disso, que as crianças possam continuar lendo em sua casa, âmbito que, em alguns casos, pode ser mais apropriado que a sala de aula para essa leitura privada.

4. As *situações independentes* podem classificar-se em dois subgrupos:

A) *Situações ocasionais:* em algumas oportunidades, a professora encontra um texto que considera valioso compartilhar com as crianças, embora pertença a um gênero, ou trate de um tema que não tem correspondência com as atividades que estão realizando nesse momento; em outras ocasiões, os alunos – ou alguns deles – propõem a leitura de um artigo jornalístico, um poema ou um conto que os impressionou e cuja leitura a professora também considera interessante. Nesses casos, não teria sentido nem renunciar a ler os textos em questão porque não têm relação com o que se está fazendo, nem "inventar" uma relação inexistente; se sua leitura permite trabalhar sobre algum conteúdo significativo, a organização de uma situação independente estará justificada.

B) *Situações de sistematização:* estas situações são "independentes" somente no sentido de que não contribuem para cumprir os propósitos apresentados em relação com a ação imediata (com as elaborações do produto ao qual aponta um projeto ou com o desejo de "saber como continua" um romance de aventuras que gera suspense e emoção, por exemplo). Em troca, guardam sempre uma relação direta com os propósitos didáticos e com os conteúdos que estão sendo trabalhados, porque permitem justamente sistematizar os conhecimentos lingüísticos construídos através das outras modalidades organizativas. Por exemplo, depois de ter realizado uma seqüência centrada na leitura de fábulas, é possível propor uma situação cujo objetivo é refletir sobre os traços que caracterizam as fábulas e as diferenciam dos contos; depois de ter confrontado certos problemas relativos à pontuação no âmbito de um projeto de escrita, é possível propor uma situação cujo objetivo é "passar a limpo" os conhecimentos construídos ao resolver esses problemas...

É assim que a articulação de diferentes modalidades organizativas permite desenvolver situações didáticas que têm durações diferentes, que podem ser permanentes ou realizadas no curso de períodos limitados, algumas das quais se sucedem no tempo, enquanto outras se entrecruzam numa mesma etapa do ano letivo. Desse modo, a distribuição do tempo didático – em vez de se confundir com a justaposição de parcelas do objeto que seriam sucessiva e acumulativamente aprendidas pelo sujeito – favorece a apresentação escolar da leitura como uma prática social complexa e a apropriação progressiva dessa prática por parte dos alunos.

O esforço para distribuir os conteúdos no tempo de um modo que permita superar a fragmentação do conhecimento não se limita ao tratamento da leitura – que foi o eixo deste artigo –, mas sim abarca a totalidade do trabalho didático em língua escrita.

Em primeiro lugar, leitura e escrita se inter-relacionam permanentemente: ler "para escrever" é imprescindível quando se desenvolvem projetos de produção de textos, já que estes sempre exigem um intenso trabalho de leitura para aprofundar o conhecimento dos conteúdos sobre os quais se está escrevendo e das características do gênero em questão; reciprocamente, no âmbito de muitas das situações didáticas que se propõem, a escrita se constitui num instrumento que está a serviço da leitura, seja porque é necessário tomar notas para lembrar os aspectos fundamentais do que se está lendo, ou porque a compreensão do texto requer que o leitor elabore resumos ou quadros que o ajudem a reestruturar a informação dada pelo texto.

Em segundo lugar, os diferentes gêneros – em vez de serem distribuídos linearmente, fazendo corresponder certos escritos sociais com certas séries específicas – aparecem e reaparecem em diferentes momentos da escolaridade e no âmbito de situações diferentes, de tal modo que os alunos possam reutilizá-los e reanalisá-los a partir de novas perspectivas.

Em terceiro lugar, as modalidades de trabalho adotadas durante a alfabetização inicial são basicamente as mesmas que se põem em ação, uma vez que as crianças se apropriaram do sistema alfabético de escrita. Como as situações didáticas que se apresentam antes e depois de as crianças aprenderem a ler e escrever no sentido convencional do termo estão orientadas pelo mesmo propósito fundamental – criar condições que favoreçam a formação de leitores autônomos e críticos e de produtores de textos adequados à situação comunicativa que os torna necessários –, o esforço por reproduzir na escola as condições sociais da leitura e da escrita está sempre presente. Realmente, desde o início da escolaridade se lê e se escreve para cumprir propósitos definidos, centra-se o trabalho nos textos, analisa-se criticamente o lido, discutem-se diferentes interpretações e se chega a acordos, leva-se em conta o ponto de vista do destinatário quando se escreve, revisam-se cuidadosamente os escritos produzidos... As atividades devem permitir articular dois objetivos: conseguir que as crianças se apropriem progressivamente da "linguagem que se escreve" – do que esta tem de específico e diferente do oral-conversacional, dos diversos gêneros do escrito, da estrutura e do léxico que são próprios de cada um deles – e que aprendam a ler e escrever por si mesmas. Em alguns casos, o professor atua como mediador, lendo diferentes textos para as crianças, ou escrevendo os textos ditados que elas compõem oralmente; em outros casos, as situações de leitura tendem a deparar diretamente as crianças com os textos, para buscar informações que necessitam, para localizar um dado determinado, para buscar indícios que lhes permitam verificar ou rejeitar suas antecipações sobre o que está escrito. E, do mesmo modo, as situações de escrita apresentam para as crianças desafios de produzir textos por si mesmas, o que as leva a se concentrar não só na "linguagem que se escreve", como também em como fazer para escrever, em apreender cada vez melhor o modo particular como o sistema de escrita representa a linguagem. Quando a situação exige que as crianças leiam ou escrevam diretamente, a atividade pode referir-se a textos completos ou se focalizar em algum fragmento de um texto que foi lido, produzido ou ditado pela professora, pode ser individual ou grupal, pode responder a um propósito imediato do ponto de vista das crianças – por exemplo, fazer cartazes e convites para divulgar a função teatral que se está preparando – ou responder somente a um propósito cujo cumprimento não é imediato, mas é altamente significativo para as crianças nesta etapa: aprender a ler e escrever.

Delineamos uma modalidade alternativa de distribuição do tempo didático, uma modalidade que responde à necessidade de produzir uma mudança qualitativa na apresentação da leitura. Não podemos concluir este item sem reconhecer que o tempo escolar é insuficiente também desde a perspectiva aqui proposta, que sempre é necessário selecionar e deixar de lado aspectos que preferiríamos incluir, que a escolha é sempre difícil e que o único guia que até agora encontramos para decidir é este: administrar o tempo de tal modo que o importante ocupe sempre o primeiro lugar.

ACERCA DO CONTROLE: AVALIAR A LEITURA E ENSINAR A LER

A avaliação é uma necessidade legítima da instituição escolar, é um instrumento que permite determinar em que medida o ensino alcançou seu objetivo, em que medida foi possível fazer chegar aos alunos a mensagem que o docente se propôs comunicar. A avaliação da aprendizagem é imprescindível, porque proporciona informação sobre o funcionamento das situações didáticas e permite então reorientar o ensino, fazer os ajustes necessários para avançar até o cumprimento dos propósitos propostos.

No entanto, a prioridade da avaliação deve terminar onde começa a prioridade do ensino. Quando a necessidade de avaliar predomina sobre os objetivos didáticos, quando – como acontece no ensino usual da leitura – a exigência de controlar a aprendizagem se erige em critério de seleção e hierarquização dos conteúdos, produz-se uma redução no objeto de ensino, porque sua apresentação se limita àqueles aspectos que são mais suscetíveis de controle. Privilegiar a leitura em voz alta, propor sempre um mesmo texto para todos os alunos, escolher somente fragmentos ou textos muito breves... são alguns dos sintomas que mostram como a pressão da avaliação se impõe frente às necessidades do ensino e da aprendizagem.

Pôr em primeiro plano o propósito de formar leitores competentes nos levará, em troca, a promover a leitura de livros completos, embora não possamos controlar com exatidão tudo o que os alunos aprenderam ao lê-los; enfatizar esse propósito nos conduzirá, além do mais, a propor, em alguns casos, que cada aluno ou grupo de alunos leia um texto diferente, com o objetivo de favorecer a formação de critérios de seleção e de dar lugar às situações de relato mútuo ou de recomendação que são típicas do comportamento leitor, embora isso implique correr o risco de não poder corrigir todos os eventuais erros de interpretação; privilegiar os objetivos de ensino nos levará também a dar um lugar mais relevante às situações de leitura silenciosa, embora sejam de controle mais difícil que as atividades de leitura em voz alta.

Saber que o conhecimento é provisório, que os erros não se “fixam” e que tudo o que se aprende é objeto de sucessivas reorganizações permite aceitar, com maior serenidade, a impossibilidade de controlar tudo. Proporcionar às crianças todas as oportunidades necessárias para que cheguem a ser leitores no pleno sentido da palavra impõe o desafio de elaborar – mediante a análise do ocorrido no curso das situações propostas – novos parâmetros de avaliação, novas formas de controle que permitam recolher informação sobre os aspectos da leitura que se incorporam ao ensino.

Por outro lado, orientar as ações para a formação de leitores autônomos torna necessário redefinir a forma como estão distribuídos na sala de aula os direitos e deveres relativos à avaliação. Realmente, para cumprir esse objetivo é necessário que a avaliação deixe de ser uma função privativa do professor, porque formar leitores autônomos significa, entre outras coisas, capacitar os alunos para decidir quando sua interpretação é correta e quando não o é, para estar atentos à coerência do sentido que vão construindo e detectar possíveis inconsistências, para interrogar o texto buscando pistas que avaliem esta ou aquela interpretação, ou que permitam determinar se uma contradição que detectaram se origina no texto ou num erro de interpretação produzido por eles mesmos... Trata-se então de proporcionar às crianças oportunidades de construir estratégias de autocontrole da leitura. Tornar possível essa construção requer que os alunos enfrentem as situações de leitura com o desafio de validar por si mesmos suas interpretações e, para que isso aconteça, é necessário que o professor retarde a comunicação de sua opinião para as crianças, que delegue provisoriamente para elas a função avaliadora.

Em vez de estar depositado apenas no professor, o controle da validade é então compartilhado com as crianças: o professor mantém em particular – durante um período cujos limites ele mesmo determina em cada caso – tanto sua própria interpretação do texto como seu julgamento acerca da ou das interpretações formuladas pelas crianças e as incentiva a elaborar e confrontar argumentos, a validar (ou invalidar) suas diversas interpretações. As intervenções que o docente faz durante esse período em que se abstém de dar sua opinião são, no entanto, decisivas: quando detecta que as crianças persistem em não levar em conta algum dado relevante que está presente no texto, intervém assinalando-o e fazendo perguntas sobre sua relação com outros aspectos que foram considerados; quando pensa que a origem das dificuldades do grupo para compreender certa passagem está em que as crianças não dispõem dos conhecimentos prévios necessários para sua compreensão, proporciona toda a informação que considera pertinente; quando, ao contrário, as prolongadas discussões do grupo demonstram que as crianças não relacionam o tema tratado no texto com conteúdos sobre os quais se trabalhou previamente e que seria relevante apontar, o professor atua como memória do grupo; quando predomina uma interpretação que ele considera errada, afirma que existe outra interpretação possível e incita a buscar qual é, ou propõe explicitamente outras interpretações (entre estas, a que ele considera mais aproximada) e solicita às crianças que determinem qual lhes parece mais válida e que justifiquem sua apreciação.

Finalmente, quando o professor considera que a aproximação que se realizou à compreensão do texto é suficiente[6], ou que já pôs em jogo os recursos possíveis para elaborar uma interpretação ajustada, valida aquela que considera correta, expressa sua discrepância com as outras e explicita os argumentos que sustentam sua opinião.

O professor continua tendo a última palavra, mas é importante que seja a *última* e não a primeira, que o juízo de validade do docente seja emitido, depois que os alunos tenham tido oportunidade de validar por si mesmos suas interpretações, de elaborar argumentos e de buscar indícios para verificar ou rejeitar as diferentes interpretações produzidas na classe. Esse processo de validação – de co-correção e autocorreção exercida pelos alunos – faz parte do ensino, já que é essencial para o desenvolvimento de um comportamento leitor autônomo. A responsabilidade da avaliação, em última instância, continua estando nas mãos do professor, já que apenas a delega de forma provisória e a recupera quando considera que essa delegação cumpriu sua função. Desse modo, é possível conciliar a formação de estratégias de autocontrole da leitura com a necessidade institucional de distinguir claramente os papéis do professor e dos alunos.

Esclareçamos, finalmente, que as modalidades de controle que permitem a participação dos alunos são produtivas não só quando as atividades estão centradas na compreensão como também em outras situações. Pense-se, por exemplo, no projeto de produção de uma fita de poemas a que nos referimos antes, em que o controle da leitura em voz alta era compartilhado pelo próprio leitor, os membros de seu grupo, os outros grupos que escutavam a gravação e o professor. Controle coletivo e autocontrole também são postos em jogo neste caso.

Em síntese, para evitar que a pressão da avaliação – essa função que reconhecemos como inerente à escola – se torne um obstáculo para a formação de leitores, é imprescindível, por um lado, pôr em primeiro plano os propósitos referentes à aprendizagem, de tal modo que estes não se subordinem à necessidade de controle e, por outro lado, criar modalidades de trabalho que incluam momentos durante os quais o controle seja responsabilidade dos alunos.

De todo modo, embora já seja possível fazer algumas afirmações – como as que fizemos neste item –, a avaliação continua sendo um campo no qual podem ser identificadas mais perguntas que respostas, um campo problemático que deve constituir-se em objeto da investigação didática.

O PROFESSOR: UM ATOR NO PAPEL DE LEITOR

A quem se atribui na escola a responsabilidade de atuar como leitor? Enquanto a função de julgar a validade das interpretações costuma se reservar ao professor – como vimos no item anterior –, o direito e a obrigação de ler costumam ser privativos do aluno.

Para que a instituição escolar cumpra com sua missão de comunicar a leitura como prática social, parece imprescindível uma vez mais atenuar a linha divisória que separa as funções dos participantes na situação didática. Realmente, para comunicar às crianças os comportamentos que são típicos do leitor, é necessário que o professor os encarne na sala de aula, que proporcione a oportunidade a seus alunos de participar em atos de leitura que ele mesmo está realizando, que trave com eles uma relação "de leitor para leitor".

Dessa perspectiva, no curso de uma mesma atividade ou em atividades diferentes, a responsabilidade de ler pode recair em alguns casos somente no professor ou somente nos alunos, ou pode ser compartilhada por todos os membros do grupo. O ensino adquire características específicas em cada uma dessas situações.

Ao adotar em classe a posição de leitor, o professor cria uma ficção: procede "como se" a situação não acontecesse na escola, "como se" a leitura estivesse orientada por um propósito não-didático – compartilhar com outros um poema que o emocionou ou uma notícia jornalística que o surpreendeu, por exemplo. Seu propósito é, no entanto, claramente didático: o que se propõe com essa representação é comunicar a seus alunos certos traços fundamentais do comportamento leitor. O professor interpreta o papel de leitor e, ao fazê-lo, atualiza uma acepção da palavra "ensinar" que habitualmente não se aplica à ação da escola, acepção cuja relevância no caso da leitura foi assinalada há tempo por M. E. Dubois (1984):

> Pode-se falar de ensinar em dois sentidos, como um "fazer que alguém aprenda algo" [...], ou como um "mostrar algo"* [...]. A idéia de ensinar a leitura nesta última forma [...] seria mostrar à criança a maneira como os adultos utilizam a leitura, do mesmo modo que lhe mostramos a maneira como usamos a linguagem oral.

Mostrar por que se lê, quais são os textos a que é pertinente recorrer para responder a certa necessidade ou interesse, e quais são mais úteis em relação a outros objetivos, mostrar qual é a modalidade de leitura mais adequada quando se persegue uma finalidade determinada, ou como pode contribuir para a compreensão de um texto o que já se sabe acerca de seu autor ou do tema tratado... Ao ler para as crianças, o professor "ensina" como se faz para ler.

A leitura do professor é de particular importância na primeira etapa da escolaridade, quando as crianças ainda não lêem eficazmente por si mesmas. Durante esse período, o professor cria muitas e variadas situações nas quais lê diferentes tipos de texto. Quando se trata de uma história, por exemplo, cria

*N. de R.T. A palavra "enseñar" em espanhol – diferentemente de "ensinar" em português – tem os dois sentidos: ensinar e mostrar.

um clima propício para desfrutar dele: propõe às crianças que se sentem a seu redor para que todos possam ver as imagens e o texto se assim o desejam; lê tentando criar emoção, intriga, suspense ou diversão (conforme o tipo de história escolhida); evita as interrupções que poderiam cortar o fio da história e, portanto, não faz perguntas para verificar se as crianças entendem, nem explica palavras supostamente difíceis; incentiva as crianças a seguir o fio do relato (sem se deter no significado particular de certos termos) e a apreciar a beleza daquelas passagens cuja forma foi especialmente cuidada pelo autor. Quando termina a história, em vez de interrogar os alunos para saber o que compreenderam, prefere comentar suas próprias impressões – como faria qualquer leitor – e é a partir de seus comentários que se desencadeia uma animada conversa com as crianças sobre a mensagem que se pode inferir a partir do texto, sobre o que mais impressionou cada um, sobre os personagens com que se identificam ou os que lhes são estranhos, sobre o que elas teriam feito se houvessem tido que enfrentar uma situação similar ao conflito apresentado na história...

Quando, por outro lado, se recorre a uma enciclopédia ou a outros livros para buscar respostas para as perguntas que as crianças se fazem em relação a um tema sobre o qual estão trabalhando – por exemplo, ao estudar o corpo humano, as crianças de cinco ou seis anos costumam se fazer perguntas como "por que se chamam *dentes de leite* os que estão caindo?", "serão realmente de leite?"; "é o coração que bombeia o sangue ou é o sangue que bombeia o coração?" –, o professor recorrerá ao índice, lerá os diferentes títulos que figuram nele e discutirá com as crianças sobre em qual deles será possível encontrar a informação que se busca; uma vez localizado o capítulo em questão, serão localizados os subtítulos, o professor os lerá (mostrando-os), será escolhido aquele que pareça ter relação com a pergunta formulada, o professor explorará rapidamente essa parte do texto (mostrando) até localizar a informação, depois a lerá, analisando com os alunos em que medida responde à inquietação surgida...

Uma vez terminada a leitura, tanto no caso do texto literário como no do informativo, o professor põe o livro que leu nas mãos das crianças para que o folheiem e possam deter-se no que lhes chama a atenção; propõe que levem para casa esse livro e outros que lhes pareçam interessantes... Faz essas propostas porque quer que as crianças descubram o prazer de reler um texto de que gostaram, ou de evocá-lo olhando as imagens, porque considera importante que seus alunos continuem interagindo com os livros e compartilhando-os com outros, porque não considera imprescindível controlar toda a atividade leitora.

O professor continuará atuando como leitor – embora certamente não com tanto freqüência como no começo – durante toda a escolaridade, porque é lendo materiais que ele considera interessantes, belos ou úteis que poderá comunicar às crianças o valor da leitura.

Entretanto, operar como leitor é uma condição necessária, mas não suficiente, para ensinar a ler. Quando as crianças se defrontam diretamente com os textos, o ensino adquire outras características, exigem-se outras intervenções do docente. Essas intervenções estão direcionadas para se conseguir que as crianças possam ler por si mesmas, que progridam no uso de estratégias efetivas, em suas possibilidades de compreender melhor aquilo que lêem.

Em alguns casos – como já se disse –, a responsabilidade da leitura será compartilhada. Essa modalidade é apropriada, por exemplo, quando se aborda um texto difícil para as crianças. Enquanto estão lendo, o professor as incentiva a continuar a leitura sem se deter diante de cada dificuldade, sem pretender entender tudo, tratando de compreender qual é o tema tratado no texto; uma vez que se trocaram idéias a partir dessa leitura global, se propõe uma segunda leitura, durante a qual se irá descobrindo que conhecer todo o texto permite compreender melhor cada parte. No transcurso dessa leitura ou durante a discussão posterior, o professor intervém – se considera necessário –, acrescentando informação pertinente para uma melhor compreensão de alguma passagem, sugerindo aos alunos que estabeleçam relações entre partes do texto que eles não relacionaram por si mesmos, perguntando sobre as intenções do autor, incitando a distinguir entre o que o texto diz explicitamente e o que quer dizer... A ajuda dada pelo professor consiste em propor estratégias das quais as crianças se irão apropriando progressivamente e que lhes serão úteis para abordar novos textos que apresentem certo grau de dificuldade. Além disso, nessas situações, o professor incitará a cooperação entre os alunos, com o objetivo de que a confrontação de pontos de vista leve a uma melhor compreensão do texto.

Finalmente, em situações como as que analisamos no item anterior, o professor devolve totalmente às crianças a responsabilidade da leitura – gera uma atividade que lhes exige trabalhar sozinhas durante um determinado período –, com o objetivo de que se esforcem por compreender e de que construam ferramentas de autocontrole.

Enfim, tanto ao mostrar como se faz para ler quando o professor se coloca no papel de leitor, como ao ajudar sugerindo estratégias eficazes quando a leitura é compartilhada, como ao delegar a leitura – individual ou coletiva – às crianças, o professor está ensinando a ler.

A INSTITUIÇÃO E O SENTIDO DA LEITURA

A problemática apresentada pela formação do leitor, longe de ser específica de determinadas séries, é comum a toda a instituição escolar. O desafio de dar sentido à leitura tem, então, uma dimensão institucional e, se essa dimensão é assumida, se a instituição como tal se encarrega da análise do problema, se seus integrantes em conjunto elaboram e levam à prática projetos direcionados a enfrentá-lo, começa a se tornar possível encurtar a distância entre os propósitos e a realidade.

"Professores isolados em salas de aula fechadas não podem resolver problemas que lhes são comuns enquanto atravessam o tempo e o espaço de suas aulas", assinala M. Castedo (1995) ao se referir aos contextos em que se formam leitores e escritores – contextos que, naturalmente, transcendem a instituição escolar. Além de destacar a importância de que os docentes estabeleçam acordos sobre a forma em que a leitura se faz presente em todos os grupos –sobre os conteúdos que se selecionam e as estratégias que se escolhem para comunicá-los –, a autora sublinha os efeitos positivos produzidos por projetos institucionais tais como o jornalismo escolar, o intercâmbio epistolar e a formação de clubes de teatro ou clubes de avós narradores.

Realmente, os projetos institucionais permitem instalar na escola – e não só na classe – um "clima leitor" que, em alguns casos, se estende para os lares, porque vai envolvendo imperceptivelmente não só as crianças como também as famílias. É o que aconteceu, por exemplo, com um projeto realizado numa das escolas de Caracas onde desenvolvemos nossa experiência:[7] uma banca dedicada à troca e ao empréstimo de livros e outras publicações – que funcionava no pátio da escola e era atendida rotativamente durante os recreios por diferentes membros da instituição – chegou a se transformar em um lugar de reunião obrigatório de crianças e pais, num lugar onde se escutavam simultaneamente muitas conversas vinculadas às leituras realizadas, onde sempre se podia ver alguma criança que mostrava para outras certo fragmento de um conto, história em quadrinho ou poema que tinha chamado sua atenção, onde se presenciavam às vezes discussões entre dois alunos de diferentes séries, porque um deles ainda não queria entregar o livro que o outro tinha reservado para ler em casa, onde se incluiu depois – por causa do surgimento espontâneo de alguns "anúncios" – um quadro de avisos no qual os pais podiam anunciar que necessitavam este ou aquele material (um manual de mecânica, instruções para realizar certa construção, uma revista de tricô), com a certeza de que algum dos "clientes" da banca poderia ter ou conseguir o que estavam procurando...

Um projeto como o jornal escolar pode levar, desde que se criem as condições institucionais adequadas, a um intercâmbio fecundo entre alunos de séries diferentes. Realmente, quando se consegue – apesar dos obstáculos que invariavelmente existem – encontrar um tempo comum para a coordenação entre os docentes e fixar um horário num dia da semana em que todas as séries se dedicam a produzir notícias ou artigos, é possível oferecer aos alunos a oportunidade de se agrupar (pelo menos para produzir alguns textos) em função de seus interesses em certos temas – cinema, esportes, conservação do ambiente, etc. –, independentemente da série que cursem; nesses grupos muito heterogêneos, ocorre com freqüência que alunos de séries superiores, que têm dificuldades para ler e escrever, descubram, ao ajudar os menores, que sabem mais do que pensavam e adquiram, então, uma segurança que os impulsione a progredir; os menores, por sua vez, encontram novas oportunidades de avançar quando se dirigem a seus colegas maiores para lhes falar de problemas, ou lhes fazer perguntas que não se atreveriam a formular se o professor fosse o único interlocutor. Para os professores, experiências como essas são também muito fecundas, porque presenciar os intercâmbios entre alunos que se encontram em momentos muito diferentes de seu desenvolvimento como leitores leva-os a refletir sobre suas próprias intervenções e, inclusive, em alguns casos, a criar estratégias didáticas inéditas.

Um dos méritos fundamentais dos projetos institucionais é o de proporcionar um quadro no qual a leitura ganha sentido não só para os alunos como também para os professores.

Quando o professor atua como leitor na sala de aula – dizíamos no item anterior – o faz em função de um objetivo didático: comunicar a seus alunos aspectos fundamentais do comportamento leitor, da natureza da língua escrita, das características específicas de cada gênero do escrito.

Quando o professor se compromete num projeto que envolve toda a escola, se se criam as condições adequadas, a leitura adquire para ele outro valor: o de instrumento imprescindível para encontrar ferramentas de análise dos problemas didáticos que se colocaram e sobre os quais o grupo de docentes está convocado a refletir, para confrontar as estratégias que eles imaginam com as utilizadas no âmbito de outras experiências para resolver esses problemas, para conhecer os resultados de pesquisas didáticas que tenham estudado o funcionamento de propostas dirigidas a resolver os problemas em questão.

A experiência mais notável que podemos citar nesse sentido ocorreu numa escola da província de Buenos Aires, cujos docentes empreenderam um duplo projeto: produzir uma revista com a participação de todos os alunos da escola e publicar um documento didático no qual seriam sintetizados os problemas enfrentados, as respostas elaboradas e as reflexões geradas no processo de produção da revista.[8]

A elaboração da revista, conforme se indica no editorial, exigiu mais de 45 dias de trabalho, nela participaram 440 alunos (15 turmas), que escreveram mais de 800 textos. Os gastos de impressão foram pagos com a colaboração de alguns comerciantes da região, que anunciaram seus produtos na revista, por solicitação dos alunos. O documento didático – no qual se apresentam crônicas e registros de classe, assim como análises da experiência realizadas pelos diferentes docentes envolvidos – dá ênfase tanto à importância dada à leitura, como ao laborioso processo de escrita de rascunhos e sucessivas reescritas que caracterizou o trabalho dos alunos ao produzir os artigos incluídos na revista.

Antes de explicitar a importância que esse projeto teve para os professores enquanto leitores, permitam-nos citar suas palavras para mostrar quais foram os eixos do trabalho:

> No começo nos propusemos [...] propiciar que as crianças se pusessem em contato ativo com jornais e revistas; dedicar tempo à discussão dos temas que continham as notícias; realizar atos de leitura múltiplos, que aparecessem como uma necessidade compartilhada entre docentes e alunos; estimular as antecipações dos significado a partir de todos os indicadores possíveis; envolver as crianças na publicação da revista, a fim de realizar notícias realmente comunicáveis; estipular planos prévios à escrita de cada artigo; incrementar o vocabulário e frases pertinentes ao discurso jornalístico desde a oralidade até a escrita; favorecer a reflexão sobre a coerência e a coesão nos textos; abordar os meios jornalísticos gráficos com o que chamamos de efeito "pinça": por um lado, com o conhecimento do portador por inteiro; por outro, com a análise de notícias pontuais, específicas, selecionadas por nós ou propostas pelas crianças, que fossem significativas.

Sublinha-se que, ao favorecer o contato das crianças com o portador completo – em vez de apresentar notícias ou artigos previamente recortados pela professora –, tornou-se possível desenvolver a leitura seletiva, já que as crianças tinham oportunidade de explorar o jornal e de se deter naquilo que lhes interessava. A adoção de uma postura crítica frente às mensagens dos meios de comunicação massiva – outro dos eixos fundamentais do trabalho – se viu favorecida por uma coincidência: enquanto se realizava a experiência, apareceu, em um matutino de grande circulação, um artigo sobre o bairro a que pertence a escola, o qual noticiava a morte de uma pessoa por ter ingerido vinho adulterado. Esse artigo foi lido por todos os grupos da 4ª à 7ª série do ensino fundamental e se discutiu com as crianças a veracidade da descrição do bairro feita pelo jornalista; a partir desse questionamento, decidiu-se entrevistar vizinhos que moravam no lugar há muito tempo, para consultar sua opinião e, finalmente, se verteu a informação obtida e analisada num artigo da revista elaborado pela quinta série, cujo título é "A verdadeira história de nosso bairro".

O valor fundamental que a leitura adquiriu para os professores deixa-se ver principalmente no balanço que fazem dos resultados do projeto. Entre os resultados positivos, os professores assinalam que o projeto criou um avanço importante em sua própria capacitação:

> Limitar o espectro lingüístico ao de uma especialidade (o discurso jornalístico) nos permitiu saber mais sobre o que devíamos ensinar. Portanto, tivemos maior clareza sobre o que queríamos alcançar na sala de aula. Saber mais nos permitiu ampliar a busca de ofertas didáticas e fazer boas leituras dos processos de apropriação dos alunos.

Acrescentam a seguir que alcançaram um bom nível de reflexão pedagógica, que puderam detectar cada vez melhor os obstáculos que se apresentavam na aprendizagem e criar as propostas que os resolvessem, que aprenderam "a aceitar o fracasso de uma proposta, a reconhecer não se terem dado conta de..., a reconhecer não se terem entusiasmado com..." e concluem: "Este tipo de realização é possível, quando o eixo do trabalho dos docentes passa pelo melhoramento pedagógico e toma-se consciência das limitações que cada um de nós tem a respeito. *Acostumamo-nos a não defender nossa ignorância*".

Entre os aspectos não-realizados, os professores mencionam que não puderam trabalhar com intensidade – por falta de tempo – alguns dos tipos de texto presentes no jornal e que o trabalho sobre escrita não teve a profundidade desejada, porque não dispunham de informação didática suficiente: "Teríamos necessitado um planejamento um pouco mais preciso no que se refere ao que revisar num texto e como revisá-lo. Lamentavelmente nos chegou fora de hora uma informação teórica [...] que nos teria sido de grande utilidade".

Para esses docentes, a leitura faz parte de um projeto, cumpre uma função relevante para o trabalho profissional, contribui para enriquecer as discussões sobre os problemas lingüísticos, psicolingüísticos e didáticos que se apresentam no curso do trabalho, abre novos panoramas, traz novas perspectivas a partir das quais se revisa a tarefa empreendida. O projeto, afirmam:

> transformou a escola numa usina de conhecimentos que foram criados tanto pelos alunos como pelos docentes. A circulação incansável de trabalhos e experiências nos deixou a sensação de "missão cumprida" ao terminar o ano. [...] A realização de uma tarefa significativa e compartilhada reconcilia os professores com a profissão, apesar das condições adversas de trabalho.

Estamos, pois, em condições de responder à pergunta apresentada no título deste capítulo: se se consegue produzir uma mudança qualitativa na gestão do tempo didático, se se concilia a necessidade de avaliar com as prioridades do ensino e da aprendizagem, se se redistribuem as responsabilidades de professor e alunos em relação à leitura para tornar possível a formação de leitores autônomos, se se desenvolvem na sala de aula e na instituição projetos que dêem sentido à leitura, que promovam o funcionamento da escola como uma microssociedade de leitores e escritores em que participem crianças, pais e professores, então... sim, é possível ler na escola.

NOTAS

1. Este artigo foi originalmente publicado em 1996, em *Lectura y Vida*, ano 17, número 1, e se baseia em uma conferência dada pela autora no 2º Congresso Nacional de Leitura, que ocorreu na 8º Feira Internacional do Livro de Bogotá, em maio de 1995.
2. Tradução de uma nota publicada na revista brasileira *Satus Plus*, nº 90, janeiro de 1983.
3. Piaget afirmou que a modalidade adotada pelo ensino parece estar fundada numa consideração das semelhanças e diferenças entre as crianças e os adultos enquanto sujeitos cognitivos que é exatamente oposta à que se percebe pelas

investigações psicogenéticas. Estas últimas mostraram que a estrutura intelectual das crianças é diferente da dos adultos (heterogeneidade estrutural), mas o funcionamento de umas e outros é essencialmente o mesmo (homogeneidade funcional); no entanto, ao ignorar o processo construtivo dos alunos e supor que podem dedicar-se a atividades desprovidas de sentido, a escola os trata como se sua estrutura intelectual fosse a mesma que a dos adultos e seu funcionamento intelectual fosse diferente.

4. Este projeto didático foi inspirado por uma situação experimental elaborada por Emilia Ferreiro (em 1988), ao projetar uma pesquisa avaliativa de experiências didáticas vinculadas com a psicogênese da língua escrita.
5. A origem desta primeira etapa é a seguinte: enquanto planejávamos o projeto, uma das professoras participantes – Silvia Zinman – propôs que incorporássemos um "curso de capacitação do pessoal" que imitasse os oferecidos pelas verdadeiras firmas de consultorias. Naturalmente, ao contrário destes últimos, nosso curso não seria seletivo, ele permitiria capacitar a todos os candidatos e, no fim, todos seriam "contratados". Esta idéia foi tão produtiva que foi conservada e aperfeiçoada nas sucessivas aplicações do projeto.
6. Naturalmente, a ênfase dada ao autocontrole da compreensão dependerá do tipo de texto que se está lendo e do propósito que se persiga: será muito maior, por exemplo, quando se leia uma instrução para manejar um aparelho recém adquirido que quando se leia um conto (porque, no primeiro caso, um erro de compreensão pode ocasionar um estrago no aparelho); quando se lê um romance, o grau de controle exercido pelo leitor será menor se está lendo por prazer do que se o está fazendo porque deve "estudá-lo" para uma prova. As atividades de leitura que se apresentam na escola devem permitir que os alunos aprendam a utilizar modalidades de autocontrole adequadas a cada situação.
7. Esta experiência ocorreu no marco das pesquisas sobre leitura desenvolvidas pela Direção de Educação Especial da Venezuela, com a cooperação técnica da OEA, durante o período compreendido entre 1982 e 1993.
8. Trata-se da escola número 183 do Distrito de la Matanza, que funciona num bairro cujos habitantes têm muito poucos recursos econômicos. Essa escola realizou, desde 1989, um trabalho inovador e reflexivo no âmbito da língua escrita. A experiência aqui citada ocorreu em 1993 e foi coordenada por Haydée Polidoro.

5

O Papel do Conhecimento Didático na Formação do Professor[1]

O CONHECIMENTO DIDÁTICO COMO EIXO DO PROCESSO DE CAPACITAÇÃO

Afirmar que o conhecimento didático deve ocupar um lugar central na capacitação dos professores é correr o risco de explicitar o que não requer ser explicitado, é, talvez, incorrer numa redundância injustificada.

Por que então dedicar várias páginas para defender uma afirmação que parece tão óbvia? Porque a necessidade de tomar como eixo o conhecimento didático não foi – e em muitos casos ainda não é – suficientemente contemplada nos processos de capacitação. Também neste caso se verifica algo que tão claramente mostrou Piaget em outros terrenos: o que aparece como óbvio na realidade é produto de uma construção.[2]

Saber que os problemas que os professores enfrentam dia a dia na sala de aula estão vinculados ao ensino ou à aprendizagem escolar de determinados conteúdos não foi suficiente para deduzir imediatamente que os conhecimentos mais relevantes para eles são precisamente aqueles que contribuem para resolver esses problemas, quer dizer, os conhecimentos didáticos.

Deslumbrados, antes de mais nada, pelos impressionantes resultados das pesquisas psicogenéticas (a partir de Ferreiro e Teberosky, 1979), ávidos para incorporar, a seguir, as contribuições psicolingüísticas referentes ao ato de leitura e ao ato de escrita – os trabalhos de Smith, Goodman, Hayes e Flowers, etc. –, impressionados mais tarde pelos avanços da lingüística textual (principalmente pelas contribuições de Van Dijk e Halliday), ou pelos estudos psicolingüísticos vinculados a ela (Fayol, Charolles), nós, capacitadores, não pudemos fugir à tentação de pôr em primeiro plano os conteúdos psicológicos e lingüísticos; esses conteúdos que – de nossa perspectiva – constituíam os fundamentos imprescindíveis para o ensino da leitura e da escrita, os pilares a partir dos quais era possível começar a pensar a ação didática.

Felizmente – embora tenha levado tempo entender as causas e descobrir que se tratava de uma circunstância feliz –, a perspectiva dos professores não coincidia exatamente com a nossa. Se bem que se sentissem muito surpresos pelo caudal de conhecimentos infantis que começavam a detectar e que até esse momento tinha permanecido oculto atrás da aparente ignorância de seus alunos; se bem que se impressionassem – com a alegria da aprendizagem, mas também muitas vezes com inquietação ou desconcerto – com os aspectos da língua escrita, da leitura e da escrita que iam descobrindo no transcurso do processo de capacitação; se bem que se dessem conta de que os conhecimentos psicológicos e lingüísticos eram muito úteis, porque os levavam a se colocar novas interrogações acerca do objeto a ensinar e do processo de aprendizagem desse objeto; se bem que chegassem a avaliar criticamente os métodos usuais de ensino, ao analisá-los à luz dos resultados das pesquisas estudadas e a elaborar critérios didáticos que orientavam o planejamento de atividades mais de acordo com esses resultados, mesmo assim pensavam – e manifestavam para nós de diversas maneiras – que esses conhecimentos não eram, de nenhum modo, suficientes para dar resposta aos problemas que eles deviam enfrentar em sua tarefa cotidiana.

Coordenar as perspectivas dos participantes de uma situação de capacitação docente está longe de ser simples. Os professores insistentemente nos faziam perguntas ou pedidos como estes: "Explique-nos melhor como é a atividade que tem que ser feita para que as crianças aprendam este conteúdo específico", "qual destas atividades tem que ser feita primeiro e qual depois?", "qual é a intervenção mais adequada, se as crianças cometem determinado erro?", "se duas crianças estão discutindo tal questão, como intervenho?"... E nós nos perguntávamos: por que nos pedem receitas?, por que esperam que lhes demos tudo resolvido em vez de construir eles mesmos as "implicações didáticas"?

Ainda não sabíamos ouvir os professores da mesma maneira que o fazíamos com as crianças, ainda não entendíamos bem o sentido de algumas interrogações que eles se colocavam. Como capacitadores, ainda não estávamos em condições – por paradoxal que isso possa parecer – de compreender totalmente o ponto de vista de nossos alunos, apesar de que isso era justamente o que lhes pedíamos que fizessem com os seus. Não havíamos descoberto ainda o que tão claramente assinala Brousseau (1994) em relação à pesquisa didática, e que nós podemos aplicar – parafraseando-o – à capacitação: quando muitos professores apresentam os mesmos problemas, o mínimo que tem que fazer o capacitador é se perguntar por que os apresentam e tentar entender quais são e em que consistem os problemas que estão enfrentando.

Dois fatores foram essenciais para avançar na análise da situação e para produzir progressos no trabalho de capacitação dos docentes: a conceitualização da especificidade do conhecimento didático e a reflexão sobre nossa própria prática como capacitadores.

A questão da especificidade do conhecimento didático se constituiu em um tema prioritário de discussão, graças ao encontro com a rigorosa produção realizada no marco da Didática da Matemática francesa. Realmente, nesses trabalhos – e em particular nos de G. Brousseau – rejeita-se explicitamente a simples "importação" de saberes de outras ciências e concebe-se a didática de cada ramo do saber como uma ciência autônoma, cujo objeto de estudo é a comunicação do conhecimento. Deste modo, o saber didático, ainda que se apóie em saberes produzidos por outras ciências, não pode ser deduzido simplesmente deles; o saber didático é construído para resolver problemas próprios da comunicação do conhecimento, é o resultado do estudo sistemático das interações que se produzem entre o professor, os alunos e o objeto de ensino; é produto da análise das relações entre o ensino e a aprendizagem de cada conteúdo específico; é elaborado através da investigação rigorosa do funcionamento das situações didáticas.

Curiosamente, o encontro com essas idéias nos permitiu conceitualizar melhor o trabalho que nós mesmos havíamos realizado no âmbito da língua escrita, ajudou-nos a tomar consciência da relevância que havia tido a produção de conhecimento didático nas experiências de ensino da leitura e da escrita desenvolvidas com as crianças. Ao analisar esse trabalho levando em conta a redefinição do saber didático formulada no âmbito da Didática da Matemática, descobrimos que, nos fatos – e mesmo quando não tínhamos nos dado conta claramente disso –, não nos havíamos limitado a deduzir orientações didáticas a partir dos estudos psicológicos ou lingüísticos; muito pelo contrário, as investigações didáticas realizadas em diferentes países – sem ter alcançado o rigor dos estudos referentes ao ensino da matemática – haviam permitido indubitavelmente pôr à prova hipóteses didáticas elaboradas com base nos conhecimentos psicológicos e lingüísticos, haviam conduzido, em alguns casos, a rejeitar essas hipóteses e, em outros casos, a comprová-las, haviam dado lugar à formulação de novos problemas e novas hipóteses a partir do estudo do que ocorria na sala de aula. Existia já um corpo de conhecimentos – ainda não suficientemente sistematizado – sobre o ensino e a aprendizagem escolar da língua escrita.

Por outro lado, a análise de nossa própria prática como capacitadores – em particular as reflexões realizadas no âmbito do projeto desenvolvido na Província de Buenos Aires – nos ajudou a compreender muito melhor as perguntas dos nossos professores e contribuiu de forma decisiva para dar cada vez mais ênfase ao conhecimento didático como conteúdo da capacitação.

Realmente, nossas notas e registros mostravam que, ao planejar cada sessão de uma oficina, nós nos fazíamos perguntas similares às que costumavam nos fazer os professores, perguntas que não podiam ser respondidas apelando simplesmente para a psicologia ou para a lingüística. Múltiplas discussões aconteciam na equipe até que chegássemos a definir a situação didática (o problema, a proposta, a consigna) que nos parecia mais adequada para que os professores aprendessem cada um dos conteúdos que queríamos ensinar-lhes: para que tomassem consciência da natureza do ato de escrita ou do ato de leitura, para que pudessem formular as condições didáticas que é essencial levar em conta quando se planeja uma situação de leitura ou uma situação de escrita, para que elaborassem critérios que lhes permitissem analisar, desde uma nova perspectiva, as atividades típicas do ensino usual, para que pudessem interpretar o significado de determinadas ações ou respostas das crianças, para que descobrissem as características de diferentes tipos de textos e pudessem discutir profundamente os requisitos das atividades que é pertinente realizar com cada um deles, para que redefinissem o lugar da correção no processo de aprendizagem da leitura ou da escrita...

A preocupação em determinar a forma mais adequada para comunicar os conteúdos aparecia não só no momento do planejamento como também no da avaliação: nos esforçávamos para detectar em que medida as situações propostas tinham servido para que os professores compreendessem a mensagem que tentávamos comunicar-lhes, para analisar as intervenções que havíamos feito no decorrer de cada situação e os efeitos que elas tinham gerado, para descobrir as razões de alguns mal-entendidos que se produziam e elaborar atividades que pudessem evitá-los ou corrigi-los, para comparar as estratégias postas em prática por diferentes capacitadores – ou pelo mesmo capacitador em diferentes oportunidades – ao trabalharem sobre certos conteúdos, para estabelecer as vantagens ou inconvenientes que cada uma dessas estratégias pudesse apresentar...

Enquanto algumas das perguntas que nos fazíamos sobre as atividades e intervenções apareciam algumas vezes, as respostas que buscávamos guardavam sempre estreita relação com o conteúdo particular que queríamos ensinar. Se bem que nossas ações estavam constantemente guiadas pela convicção de que todos os sujeitos – também os professores – constroem o conhecimento como resposta a problemas desafiantes para eles, e de que a interação com o objeto de conhecimento e com os outros sujeitos desempenha um papel fundamental nessa construção, estes princípios gerais de nenhuma maneira levavam a encontrar as respostas a nossas perguntas: quais são os problemas que são desafiantes e quais são as interações que é necessário ou conveniente propiciar são interrogações que só podem ser respondidas em relação a cada conteúdo específico, são interrogações gerais que requerem respostas particulares, porque as respostas variam necessariamente em função da natureza do saber que se quer comunicar.

Além dessa preocupação central vinculada com a inter-relação forma-conteúdo, nossas interrogações giravam também em torno de outras questões – cuja relevância foi-se evidenciando com maior nitidez à medida que aumentava nossa experiência em capacitação – que se referiam à organização e ao funcionamento dos grupos de trabalho. Não se tratava somente de decidir em cada caso se convinha que a atividade fosse individual, grupal ou coletiva, tratava-se também de definir quais seriam nossas próprias intervenções em cada momento da tarefa: o que fazer, por exemplo, quando um subgrupo se distancia demasiado dos outros em suas reflexões? Deixar que os conflitos se apresentem na discussão coletiva ou, pelo contrário, intervir no pequeno grupo para aproximá-lo ao nível de reflexão dos outros? Como intervir quando se observa que a maioria dos integrantes de um grupo se submete à opinião de um de seus membros? A intervenção do capacitador deve ser (ou não) a mesma quando pensa que o líder está certo e quando pensa que está enganado? Que faríamos no caso em que sua postura fosse correta, mas os demais a repetissem sem compreendê-la? Nós a aceitaríamos como válida ou proporíamos contra-exemplos para "agitar" a discussão e obrigar os demais a intervir? Se aceitássemos esta última opção, que contra-exemplos poderíamos propor?...

Em síntese, ao refletir sobre o que nós mesmos pensávamos quando planejávamos ou avaliávamos nossas aulas, nos conscientizamos de que as preocupações dos professores coincidiam com as nossas, de que tanto eles como nós estávamos muito preocupados com as condições que as propostas tinham que cumprir para serem produtivas, pela organização da aula, pelas intervenções do docente no curso de cada atividade e em relação com distintos sujeitos ou grupos... Compreendemos também por que os exemplos de atividades que costumávamos apresentar para os professores sempre lhes pareciam escassos: porque saber como apresentar um conteúdo particular não é suficiente para saber como apresentar outros, já que o *como* depende estreitamente do *quê*.

Foi assim que a reconceitualização do saber didático e a descoberta de que nós, professores e capacitadores, compartilhávamos preocupações similares em relação ao ensino e à aprendizagem se conjugaram para nos levar a operar mudanças no processo de capacitação, foi assim que o saber didático passou a ocupar o primeiro plano em nosso trabalho com os professores.

Ao mudar o eixo do trabalho, os resultados também mudaram. E, como tão claramente nos notou María Elena Cuter, foram outra vez as perguntas dos professores que nos permitiram avaliar a efetividade do que estávamos fazendo: as perguntas do *como* foram substituídas pelas perguntas do *por quê*.

ACERCA DE CONSERVAÇÕES E TRANSFORMAÇÕES

Embora a transformação produzida no processo de capacitação tenha sido importante, também o foi a conservação daquelas situações que haviam sido avaliadas como produtivas e que já se orientavam – desde muito antes da tomada de consciência relatada no ponto anterior – para a construção de conhecimento didático por parte dos professores.

AS SITUAÇÕES DE "DUPLA CONCEITUALIZAÇÃO"

Entre as situações que conservamos, possuem particular interesse aquelas que perseguem um duplo objetivo: conseguir, por um lado, que os professores construam conhecimentos sobre um objeto de ensino e, por outro lado, que elaborem conhecimentos referentes às condições didáticas necessárias para que seus alunos possam apropriar-se desse objeto.

Essas situações contemplam duas fases sucessivas, cada uma da quais corresponde a um dos objetivos apresentados, e podem ser exemplificadas através de uma atividade que utilizamos muitas vezes para trabalhar sobre a natureza da escrita:

1. Na primeira fase, apresenta-se uma proposta como a seguinte: produzir em grupo uma mensagem dirigida a um destinatário específico. Pode tratar-se, por exemplo, de elaborar um informe para o supervisor ou o diretor da escola sobre as atividades realizadas no curso, de fazer um resumo de algum material bibliográfico para compartilhá-lo com outros colegas que não terão oportunidade de lê-lo diretamente, porque se conseguiu somente um exemplar emprestado por poucos dias, de escrever uma carta de leitor para tornar público algum pedido ou reclamação vinculados a um problema que os participantes estão vivendo... Solicita-se, além disso, que, enquanto cada grupo escreve, um de seus membros atue como observador e registre todas as discussões que ocorram. Terminada a escrita, cada grupo se dedica a discutir o registro do sucedido durante a produção. Finalmente, faz-se uma socialização e síntese, baseadas nas conclusões dos diferentes grupos.

O que os participantes aprendem nesta fase?

A) Ao discutir os problemas que são apresentados e, principalmente, ao analisar os registros de suas interações, eles se conscientizam de que a escrita envolve processos de planejamento, textualização e revisão, de que esses processos são recursivos, de que, ao escrever, é necessário enfrentar e resolver múltiplos problemas: como expressar o que queremos comunicar de tal modo que consigamos ser entendidos? Como dizê-lo para produzir no interlocutor os efeitos que desejamos e não outros? Como convencê-lo de que temos razão? Será necessário incluir esta ou aquela informação, ou a já incluída é suficiente para que nos entenda? Será adequada esta expressão ou lhe parecerá fora de lugar? Como separar claramente estas duas idéias para que o leitor não pense que há entre elas uma relação que não queremos estabelecer?...

B) A socialização e síntese das discussões ocorridas nos diferentes grupos permite separar aspectos essenciais do ato de escrita e leva a defini-la como uma atividade inserida num contexto comunicativo, que implica uma "sobrecarga cognitiva", porque apresenta simultaneamente múltiplos problemas (semânticos, sintáticos, pragmáticos).

C) As intervenções do capacitador permitem estabelecer novas relações entre as contribuições dos diferentes grupos, assim como tornar observáveis fatos ou problemas não detectados pelos professores e ter acesso a informações que complementam os conhecimentos elaborados no curso da atividade.

2. Na segunda fase, uma vez conceitualizado o conteúdo a que se aponta – neste caso, a natureza do ato de escrita –, formulam-se interrogações que levam a refletir sobre as características da situação didática proposta: por que se escolheu essa atividade – escrever uma carta real para um destinatário específico – e não outra? Seriam cumpridos os mesmos objetivos se se apresentasse uma atividade similar mas sem especificar o destinatário? A situação constituiu um desafio para os participantes? Para todos na mesma medida? Por que se apre-

sentou de forma coletiva? Quais foram as intervenções do capacitador? Por que interveio desse modo e não de outro? Qual foi sua atitude quando os participantes cometiam algum erro? Por quê?...

O que se aprende nesta segunda fase?

A) A reflexão sobre as características da situação de aprendizagem em que os professores participaram como alunos torna possível conceitualizar algumas questões fundamentais do ponto de vista didático: a necessidade de que a apresentação escolar da escrita conserve o seu sentido social, a importância de que os alunos escrevam para cumprir com algum propósito relevante para eles e dirigindo seu escrito a algum destinatário ou a determinado público, o papel da cooperação entre os "escritores" na detecção e resolução de problemas, a reconsideração do erro como parte constitutiva da aprendizagem e – neste caso particular – do ato de escrita, a necessidade de conseguir que os alunos construam instrumentos de autocontrole para revisar por si mesmos seus textos, a diversidade das intervenções do docente ou a função de cada uma delas...

B) A confrontação do ocorrido em distintos grupos permite refletir sobre os diversos efeitos que uma mesma situação pode produzir, sobre as razões pelas quais o capacitador interveio de diferentes maneiras em cada um dos grupos e em distintos momentos do processo. Por outro lado, a confrontação torna possível estabelecer traços comuns das diferentes situações ocorridas nos grupos e, portanto, chegar a conceitualizações de validade mais geral.

C) As apreciações do capacitador durante a socialização contribuem para aprofundar a fundamentação da proposta e das intervenções realizadas por ele nas diferentes fases da atividade, assim como para enriquecer as conclusões proporcionando a informação que considere necessária.

Este tipo de situações – que, segundo descobrimos recentemente (Robert, 1991), foram utilizadas também para a formação de professores em Didática da Matemática – são eficazes quando é imprescindível que os professores revisem, aprofundem ou ampliem seus conhecimentos sobre um conteúdo particular, lingüístico ou psicolingüístico.

Quando se trata de esclarecer um conteúdo psicolingüístico, como a natureza do ato de escrita ou do ato de leitura, orienta-se a situação para conseguir que os professores tomem consciência do que eles mesmos fazem como leitores ou "escritores", favorece-se a explicitação de um saber que já possuem implicitamente e que entra em ação quando lêem ou escrevem. Conceitualizar em que consistem os comportamentos do escritor e do leitor permite aos professores construir um quadro de referência que contribuirá para orientar a planificação das propostas que apresentarão a seus alunos e das intervenções que farão em classe. Realmente, saber – por exemplo – que a escrita inclui necessariamente a revisão reiterada do que se está produzindo fundamentará decisões do professor em relação ao tempo que se deve prever para que a revisão seja possível, sendo necessário que os alunos se sintam autorizados a autocorrigir seus textos e criar atividades de sistematização que lhes permitam elaborar critérios de autocorreção...; do mesmo modo, saber que o interjogo antecipação-verificação é uma das chaves do ato de leitura sustentará a decisão de planejar situações que favoreçam a utilização dessas estratégias por parte dos alunos e de intervenções dirigidas para incentivar a antecipação do significado – quando as crianças se aferram à decifração – ou, ao contrário, à busca de indícios no texto para confirmar ou rejeitar o antecipado – quando os alunos "adivinham" sem verificar.

Quando se abordam conteúdos lingüísticos – como as características de um gênero literário, as funções da pontuação ou os recursos possíveis para evitar repetições desnecessárias nos textos que se produzem, por exemplo –, as situações se orientam para se conseguir um conhecimento mais profundo por parte dos docentes de aspectos da língua que, na maioria dos casos, deverão ser explicitamente ensinados às crianças. Isso não significa, naturalmente, que a situação de ensino utilizada durante a capacitação seja diretamente transferível para o trabalho em classe: depois de analisar com os docentes as condições didáticas da situação apresentada – quer dizer, depois de cumprir a segunda fase antes descrita –, é necessário discutir, em cada caso, sobre a pertinência (ou não) de realizar uma atividade similar com as crianças e propor aos docentes outras atividades dirigidas a definir quais são as condições que é necessário assegurar para que as crianças possam apropriar-se desses conteúdos.

A ATIVIDADE NA AULA COMO OBJETO DE ANÁLISE

Qual é a diferença entre estas situações – as que conservamos – e aquelas que fizeram sua aparição quando assumimos que o saber didático devia ser o eixo da capacitação? Nas situações que descrevemos até aqui, a comunicação de conhecimento estritamente didático se produz só no momento em que se reflete sobre a forma em que a proposta foi apresentada e desenvolvida (na segunda fase), enquanto que o conhecimento que se comunica ao atuar e refletir sobre o conteúdo (na primeira fase) é lingüístico ou psicolingüístico.

As situações que introduzimos depois – as que expressam melhor a transformação produzida – foram elaboradas com o objetivo de comunicar conhecimento didático *tanto através de sua forma como através de seu conteúdo*. São propostas que tomam como objeto de análise o conjunto de todas as interações que se dão – no triângulo didático – entre o professor e os alunos a propósito do objeto a ensinar e a aprender.

Centrar-se no conhecimento didático supõe necessariamente incluir a aula no processo de capacitação, pôr em primeiro plano o que ocorre realmente na classe, estudar o funcionamento do ensino e da aprendizagem escolar da leitura e da escrita. Para cumprir esse requisito, um instrumento é essencial: o registro de classe.

Decidir quais são os registros que se analisarão não é fácil, é uma decisão que apresenta, pelo menos, os seguintes problemas: é preciso utilizar registros de classes conduzidas pelos participantes, ou é mais conveniente escolher registros de classes coordenadas por docentes que não participam na oficina de capacitação?

Quais são as situações de classe que é mais produtivo analisar? É preciso selecionar classes que foram "más" do ponto de vista dos critérios didáticos que se deseja comunicar, ou é preferível que se trate de situações "boas", que estejam solidamente fundamentadas nos critérios didáticos que se sustentam?

Os problemas que acabamos de formular não estavam explicitamente colocados quando começamos a utilizar os registros de classe; sua própria formulação é resultado da experiência e da análise que fizemos dela. Experimentamos diversas alternativas, que, em alguns casos, foram levadas à prática sem se ter consciência de que se tratava de alternativas – quer dizer, achando ingenuamente que as situações planejadas eram "ideais" para conseguir certos objetivos – e sem poder prever com exatidão os efeitos que produziriam.

Nossa resposta atual aos problemas apresentados pode ser sintetizada assim:

1. *As situações de classe que é mais produtivo analisar são as que podem ser caracterizadas como "boas"*, porque são estas situações que permitem explicitar o modelo didático com que se trabalha; porque a reflexão sobre elas torna possível discutir a respeito das condições didáticas requeridas para o ensino da leitura e da escrita; porque as interrogações que o capacitador apresenta sobre seu desenvolvimento levam a elaborar conclusões positivas acerca da natureza do conteúdo que se está ensinando e aprendendo nessa classe e a respeito das intervenções do professor e dos efeitos produzidos por cada uma delas; porque a análise da apresentação do conteúdo e dos pressupostos que se põem em evidência sobre o processo de aprendizagem realizado pelas crianças gera, nos professores, a necessidade de aprofundar seus conhecimentos tanto sobre o conteúdo lingüístico em questão como sobre a aprendizagem desse conteúdo.[3]

Optar por apresentar situações "boas" não significa pretender encontrar ou produzir registros de classes "perfeitas". As classes "perfeitas" não existem – pelo menos, nós nunca tivemos a sorte de encontrá-las. Sempre detectamos, mesmo em nossas próprias classes, erros que preferíamos não cometer, mas que somente se tornam evidentes quando tomamos certa distância da classe e a analisamos "a frio", sem estar já mergulhados no calor da ação. O surgimento de alguns erros nas situações de capacitação analisadas cumpre também um papel positivo, porque permite compartilhar a impossibilidade de alcançar a perfeição e aceitar o erro como constituinte necessário do trabalho e como objeto de análise, a partir do qual se torna possível progredir.

Entretanto, por que não trabalhar sobre situações "más"? Quando começamos nossa tarefa como capacitadores, a crítica ao ensino usual – baseada nas contribuições das pesquisas psicogenéticas e lingüísticas – ocupava um lugar muito importante em nossas oficinas. Ao analisar os efeitos que isso produzia, nos demos conta de que ocasionava dois grandes inconvenientes: por um lado, gerava – apesar de todos nossos esforços para evitá-la – uma distância excessiva entre os professores e os capacitadores, porque os primeiros ainda punham em ação muitas dessas práticas e não tinham muitos elementos para fundamentá-las, enquanto os segundos as tinham rejeitado e podiam explicar amplamente as razões dessa decisão; por outro lado, as situações centradas na crítica das práticas escolares habituais permitem extrair mais conclusões negativas do que positivas, levam a esclarecer o que é que *não* se tem que fazer, mas lançam pouca luz sobre o que é que *sim*, que tem que se fazer.

Em conseqüência, o trabalho sobre situações "más" corre o risco de gerar não só resistência diante da proposta didática apresentada como também uma dose excessiva de desconcerto e incerteza. Isso é duplamente perigoso se se leva em conta que – como tão bem mostrou Régine Douady (1986) – o modelo didático construtivista é em si mesmo fonte de incerteza para os professores.

Qual é a origem da incerteza gerada por nossa proposta? Situar o aluno como produtor de conhecimentos significa conceder-lhe uma margem de liberdade intelectual muito maior do que é habitual na escola, permitir-lhe que exponha suas conceitualizações, criar condições para que ponha em jogo suas próprias estratégias cognitivas e que corra o risco de se equivocar, sabendo que o erro será considerado como natural e como ponto de partida de uma nova reflexão. Para o professor, isso significa aceitar que nem todos seus alunos aprenderão no mesmo momento, nem entenderão da mesma maneira o que ele trata de lhes ensinar, significa reconhecer a necessidade de levar em conta as diferenças entre as conceitualizações e estratégias postas em ação por seus alunos e buscar formas de ajudá-los a reconstruir progressivamente o saber que trata de lhes comunicar... Assumir tudo isso é necessariamente difícil para o docente, porque ele tem a responsabilidade social – frente à instituição, frente aos pais, frente aos alunos, frente a si mesmo – de conseguir que todos seus alunos aprendam os conteúdos estabelecidos; assumir a distância entre o ensino e a aprendizagem implica uma considerável perda de segurança: o professor se sente inquieto, porque já não pode prever tudo, porque se faz interrogações sobre o que realmente seus alunos entenderam, porque teme não poder garantir que todos aprendam o necessário, porque fica difícil determinar quanto tempo levará para ensinar um conteúdo, porque se coloca múltiplos problemas vinculados com a avaliação tanto do que as crianças sabem, como da efetividade das situações que ele apresentou...

Para proporcionar aos professores oportunidades de se apropriar dos conhecimentos que lhes permitam manejar com a maior segurança possível as condições didáticas das propostas que planejarão e os traços essenciais das intervenções que farão ao realizar as atividades, para que estejam em condições de prever o que ocorrerá na classe – as conceitualizações ou estratégias que as crianças utilizarão, as interações que terão lugar entre eles, as respostas dos alunos frente às intervenções do professor –, para que possam analisar, à luz do previsto, as respostas inesperadas que eventualmente apareçam, é imprescindível centrar o trabalho sobre situações de classe "boas" que mostrem – na medida do possível – o desenvolvimento de propostas cujo funcionamento tenha sido previamente estudado, cujos efeitos sejam conhecidos porque foram aplicados mais de uma vez em diferentes contextos.

Como se depreende do mencionado até aqui, os registros utilizados no começo da capacitação devem dar testemunho de classes conduzidas por docentes que já tenham uma trajetória de trabalho enquadrado no modelo construtivista, que selecionam atividades e realizam intervenções produtivas para a aprendizagem dos alunos. Portanto, não se utilizarão, na primeira etapa, registros de classes conduzidas pelos professores que participam como alunos do curso de capacitação.

2) Tomar como objeto de análise registros de classes coordenadas pelos participantes é uma tarefa que se aborda numa etapa posterior, que é delicada – porque submeter a própria prática ao olhar de outros não é fácil e pode dar lugar a situações de tensão ou competitividade que são nocivas para a aprendizagem – e que, portanto, deve estar sujeita, segundo indica nossa experiência, a certos requisitos:

A) Iniciar a análise das classes conduzidas pelos participantes somente depois de que eles tenham adquirido conhecimentos didáticos suficientes para que suas propostas tenham fundamentos sólidos e eles estejam preparados para explicar as razões de suas decisões.

B) Criar no grupo um clima de cooperação, em que se incentive a reflexão conjunta e a crítica construtiva e se desestimule todo comentário que atrapalhe a aprendizagem compartilhada.

C) Dar tempo para que os professores adquiram segurança em seu próprio trabalho e se sintam capazes de correr o risco de torná-lo público.

D) Planejar com os professores as aulas que serão registradas e analisadas, com o objetivo de discutir profundamente com eles as razões de suas decisões e de proporcionar toda a informação necessária para que a aula seja frutífera.

E) Propiciar que cada professor tenha possibilidades de escolher o observador que registrará suas classes: outro professor com quem combinou observações mútuas, o bibliotecário, um membro do setor psicopedagógico ou da direção, um integrante da equipe de capacitadores... Naturalmente, é importante que a pessoa que registra conheça os objetivos da atividade, o planejamento realizado, o que se prevê que acontecerá. Pode acontecer também que alguns professores prefiram começar por gravar eles mesmos suas aulas – mantendo provisoriamente a privacidade em que se costuma desenvolver a tarefa docente –, antes de se atrever à exposição, que significa compartilhá-las com um observador.

F) O professor que conduziu a classe tem direito a ser o primeiro a analisá-la e a fazê-lo particularmente. Isso permite que, quando a apresente a seus colegas, já esteja em condições de incluir uma autocrítica do fato. Desse modo, o responsável pela classe detecta, por si mesmo, elementos importantes ao ter a oportunidade de "observar-se de fora", de analisar suas ações objetivadas no papel e, além do mais, a discussão posterior que se realiza no grupo fica muito mais fluente.

Nessas condições, a análise de atividades levadas a cabo pelos participantes da oficina é muito enriquecedora: permite comparar o planejado com o efetivamente realizado e analisar as razões das modificações produzidas no curso da atividade, torna possível estender uma ponte entre os conhecimentos que foram sendo adquiridos na oficina e o que se faz cotidianamente na classe, leva a pôr em evidência a maior ou menor coerência entre o que se sustenta e o que se faz, permite a cada professor detectar fatos ou problemas dos quais não tinha consciência, abre um espaço no qual é possível discutir e elaborar com outros as soluções possíveis para os problemas que cada um enfrenta.

3) *Levar em conta as possibilidades e limitações dos registros de classe permite amplificar seu papel no processo de capacitação.*

É fundamental considerar as seguintes questões para realizar um trabalho realmente produtivo com os registros de classe – tanto com os utilizados na primeira etapa, como com os realizados pelos professores participantes:

Em primeiro lugar, é importante lembrar que os registros não são transparentes, nem são auto-suficientes para pôr em evidência os conteúdos que se quer comunicar através de sua análise. O que cada professor pode observar numa classe está determinado por seus saberes prévios, por sua própria experiência ou por sua própria inexperiência (A. Robert, 1991). Como nos indica um velho ditado: "tudo é da cor da lente com que se olha".

O que fazer então para que essas situações permitam avançar, deixem ir aperfeiçoando a lente através da qual se analisam as classes? Um recurso importante neste sentido é a *comparação entre distintas situações* – podem ser atividades diferentes que apontam para um mesmo objetivo ou diferentes versões de uma mesma situação – porque, ao encontrarem-se semelhanças e diferenças, mostram-se mais claramente quais são as variáveis que estão em jogo.

Algumas observações do capacitador também podem gerar progresso: chamar a atenção sobre certas intervenções do professor e discutir sua pertinência, lembrar uma questão trabalhada anteriormente que se possa relacionar com o conteúdo presente, proporcionar novas informações ou remeter à bibliografia que contribua para tornar aparente para os professores o que ainda não o é...

Em segundo lugar, é necessário pôr em relevo aquilo que será *reproduzível*, que pode ser válido para outras aplicações da mesma situação ou inclusive para outras situações. O interesse por tomar as classes como objeto de estudo deriva – como também assinala A. Robert – da hipótese de que existem regularidades, de que há aspectos necessários que terão lugar cada vez que se leve à prática, em certas condições, determinada situação didática (e também, naturalmente, aspectos contingentes, que variarão em função do professor, do grupo, da instituição...). Seria importante evitar, então, o risco de que os professores vejam nos registros somente o que é mais variável, o que mais depende dos indivíduos particulares que estão envolvidos na situação. O desafio é justamente buscar as regularidades que podem ser explicitadas através da situação analisada, e o capacitador pode orientar nessa direção por meio de suas intervenções, fazendo – por exemplo – observações como as seguintes: "Neste caso, o professor corroborou a resposta correta que apareceu logo, e as outras crianças deixaram de discutir. Isso aconteceria em outros casos?", "As crianças não revisaram por si mesmas o que haviam escrito, e o professor teve que fazer sugestões. Em que condições isto ocorre? Quais são as condições que permitem que se consiga que os alunos se responsabilizem pela revisão de seus escritos?".

Em terceiro lugar, é preciso levar em conta que alguns aspectos fundamentais da situação são invisíveis: nos registros não aparecem explicitamente as conceitualizações do professor acerca do conteúdo que está ensinando, nem as idéias que sustentam as decisões que toma no transcurso da aula, nem as hipóteses que estão por trás do que as crianças dizem. No entanto, é possível detectar rastros dessas representações implícitas e promover, a partir deles, inferências dos participantes com o objetivo de recuperar os critérios que sustentam as ações manifestas: por que o professor fez esta ou aquela pergunta? Qual é sua concepção sobre o erro? Atua da mesma maneira frente a todos os erros? Por que não interveio em tal momento? O que terá pensado? Como está conceitualizado o objeto? O que supõe que seus alunos aprenderam?... Interrogações similares podem ser feitas em relação à participação das crianças: o que indica esta resposta? Que sentido estarão atribuindo a esta questão? Pode-se inferir, a partir do que foi expresso pelas crianças, a existência de algum conflito entre suas diferentes conceitualizações?...

Em alguns casos, a partir dos registros de classe, também é possível inferir alguns aspectos vinculados com o planejamento – quais foram as previsões do professor, em que se basearam, por que preparou determinado material ou atividade auxiliar... –, assim como com as conclusões que poderia extrair, ao avaliar o desenvolvimento da situação, acerca do que as crianças apreenderam ou não e das atividades que seria necessário apresentar-lhes para ampliar ou reorientar o aprendido.

Por outro lado, como toda aula faz parte de uma unidade maior e sua interpretação pode ser muito mais ajustada quando se conhece o contexto do qual foi extraída, é particularmente interessante – quando existe a possibilidade de fazê-lo – analisar o planejamento do projeto ou a seqüência em que está incluída a situação de classe analisada e formular hipóteses sobre o que poderia ocorrer ao desenvolvê-los, sobre o que as crianças poderiam aprender como resultado de certas intervenções docentes, sobre as diversas opções que o professor poderia fazer.

Por último, é importante levar em conta que o registro de classe é realizado em geral por uma pessoa alheia ao grupo e que é comum aparecerem indícios da influência que essa presença tem no desenvolvimento da situação. Reciprocamente, a observação de uma classe costuma ter – como assinalou C. Margolinas (1992) – um eco muito pessoal no observador e é importante levar em conta suas reações no transcurso da situação, porque estas – embora costumem passar inadvertidas quando não se explicitou a necessidade de detectá-las – podem proporcionar elementos de interesse para compreender o que aconteceu na classe.

Assim enfocada, a análise de registros de classe opera como coluna vertebral no processo de capacitação, porque é um recurso insubstituível para a comunicação do conhecimento didático e porque é a partir da análise dos problemas, propostas e intervenções didáticas que adquire sentido para os docentes se aprofundarem no conhecimento do objeto de ensino e dos processos de aprendizagem desse objeto por parte das crianças. Tomar como eixo da capacitação o conhecimento didático é reconhecer que os problemas surgidos na aula são problemas específicos que requerem soluções também específicas. No entanto, centrar-se no saber didático não significa de nenhum modo – como se pôde observar ao longo destas páginas – deixar de lado as contribuições das outras ciências; significa, pelo contrário, abrir a possibilidade de que os professores recorram a eles a partir de interrogações suscitadas pelo ensino e pela aprendizagem, tentando encontrar os elementos necessários para manejar melhor os saberes que devem ser ensinados, para compreender melhor as interrogações e as conceitualizações dos alunos.

PALAVRAS FINAIS

Não podemos terminar este capítulo sem fazer duas observações: a primeira delas se refere à posição assumida pelos participantes dos processos de capacitação que foram fecundos e a segunda se relaciona com a necessária vinculação entre capacitação e pesquisa didática.

> Nunca se pediu aos docentes – assinala Kaufman, Castelo e Molinari (1991)[4] – que abandonassem suas práticas habituais. Pelo contrário, sustentamos mais de uma vez que deviam ensinar da maneira que sabiam fazê-lo e que iriam modificando somente aqueles aspectos que lhes parecesse imperativo modificar. Esta atitude facilitou muito mais as transformações que uma crítica excessiva e uma compulsão pela mudança que muito freqüentemente faz o docente cair numa prática anômica: abandona sua maneira anterior de ensinar (muitas vezes não porque esteja muito convencido, mas porque é muito criticado), mas não consegue substituí-la por outra prática organizada e coerente.

E, ao analisar o processo realizado por uma professora que participava do trabalho de pesquisa, Mirta Castedo (1991) destaca dois fatos que considera fundamentais para explicar as razões que tornaram possível seus progressos: essa professora só aceitou realizar – entre as situações sugeridas no processo de capacitação – aquelas atividades que considerava convenientes para seus alunos e para a escola; por outro lado, nunca deixou de repensar ou analisar criticamente as propostas que lhe eram feitas e sempre discutiu suas idéias com seus colegas.

Para que o processo de capacitação seja fecundo, duas condições parecem necessárias: por um lado, que o capacitador se esforce por entender os problemas que os professores apresentam, por compreender por que pensam o que pensam, ou por que decidem adotar uma proposta e rejeitar outra; por outro lado, que os professores se sintam autorizados a atuar de forma autônoma, que tenham razões próprias para tomar e assumir suas decisões.

Assinalemos, finalmente, que a capacitação poderá ser muito mais efetiva quanto melhor conheçamos os fatos didáticos, quanto mais preciso seja nosso saber acerca do ensino e da aprendizagem escolar da leitura ou da escrita, quanto mais avancemos na análise dos processos de comunicação do conhecimento didático aos professores. Avançar na pesquisa didática sobre o trabalho em classe e sobre a capacitação permitirá ajudar mais os professores em sua difícil tarefa.

NOTAS

1. Uma primeira versão deste capítulo foi apresentada no Primeiro Seminário Internacional sobre "Quem é o professor do terceiro milênio?", organizado por AVANTE, Qualidade, Educação e Vida (Bahia, Brasil, agosto de 1995) e foi publicada em português nas Memórias do Seminário.
2. Neste caso, trata-se de uma construção laboriosa, cooperativa e – naturalmente – inacabada. As considerações feitas nestas páginas sobre a capacitação dos professores são produto de múltiplas reflexões e discussões mantidas com diversos colegas durante projetos de capacitação que foram desenvolvidos em equipe, ou realizados em diferentes países e circunstâncias. Aqui se refletirão idéias que estavam embrionárias nas análises realizadas com Magaly Pimentel e outros membros da equipe de leitura da Direção de Educação Especial da Venezuela – a partir de 1982 – no curso dos projetos de capacitação e pesquisa que contam com a cooperação técnica da OEA. Será evidenciada a marca indelével impressa em nosso trabalho posterior pela constante análise crítica que acompanhou o processo de capacitação docente (1988-1991) desenvolvido no quadro do Gabinete de Aprendizagem da Direção de Educação Primária da Província de Buenos Aires e, mais particularmente, pelas contribuições de María Elena Cuter e Mirta Torres.
   Por outro lado, aparecerão aqui reflexões que foram possíveis graças ao intercâmbio inaugurado em 1987 – no México, no Encontro de Experiências Alternativas de Alfabetização, convocado e coordenado por Emilia Ferreiro – com colegas responsáveis por projetos de capacitação das mais diversas características, assim como idéias que são produto das fecundas discussões mantidas através do tempo e do espaço com Ana María Kaufman, Telma Weisz, Myriam Nemirovsky e Patricia Sadovsky.
   Finalmente, a análise que se faz sobre a problemática envolvida na capacitação deve muito às contribuições da escola francesa de Didática da Matemática e, em particular, a alguns trabalhos recentes realizados a partir dessa perspectiva sobre a formação docente.
3. Os conteúdos lingüísticos e psicolingüísticos seriam trabalhados depois através de outras situações, que versarão não sobre aspectos a que já nos referimos ao descrever as situações de "dupla conceitualização", mas também sobre a psicogênese do sistema de escrita e a apropriação, por parte das crianças, de outros aspectos da linguagem escrita.
4. Trata-se de um trabalho ainda inédito, que é produto da indagação sobre o processo de capacitação realizada no quadro da pesquisa coordenada por esta equipe na Dirección de Investigaciones Educativas (DIE) da Província de Buenos Aires.

Referências Bibliográficas

Capítulo 1

Baudelot, C. e R. Establet (1971). *L'école capitaliste en France*. Paris Maspéro.

Bourdieu, P. e J. C. Passeron (1970), *La Reprodutction Éléments pour une théorie du systéme d'enseignement*, Paris, Éditions de Minuit.

Chevallard, Yves (1997). *La transposición didáctica*, Buenos Aires, Aique. (Publicação original em francês, 1985.)

Lahire, Benard (1993). *Culture écrite et inégalités scolaires*. Presses Universitaires de Lyon.

Lerner, D.; L., Lotito, H. Levy e outros. *Documentos de Actualización curricular en Lengua*, n. 2 e 4, Secretaria de Educación del Gobierno de la Ciudad de Buenos Aires, 1996 e 1997.

Capítulo 2

Brousseau, Guy (1986). "Fondements et méthodes de la didactique des mathématiques", en recherches en didactiques des mathematiques, Grenoble, La Pensée Sauvage, v. 7, n. 2.

Brousseau, Guy (1988). "Los diferentes roles del maestro", em C. Parra I. Saiz (comps.), *Didáctica de matemáticas*. Buenos Aires, Paidós, 1994.

Brousseau, Guy (1990 e 1991) *"¿Qué pueden aportar a los enseñantes los diferentes enfoques de la Didáctica de las Matemáticas?"*, primeira e segunda partes, em *Enseñanzas de las ciencias.* Revista de la Universidad de Barcelona, 1990, 8, (3), p. 259-267, e 1991, 9, (1), p. 10-21.

Coll, César (1993). "Constructivismo intervención educativa: ¿cómo enseñar lo que se ha de construir?". *Revista de FLACSO*, Buenos Aires.

Charolles, Michel (1986). "L'analyse des processus rédactionnels: aspects lingüistiques, psychologiques et didactiques", em *Pratiques* n. 49 Metz Francia.

Chevallard, Yves (1982). "A propos de l'ingénierie didactique", Segunda escola de verão de Didática de Matemática, França.

______. (1983). *"Remarques sur la notion de contrat didactique"*, IREM de Aix-Marseille. Faculté de Sciences Sociales de Lumény.

______. (1984). *Sur le temps didactique*, IREM de Aix-Marseille II.

______. (1985). *La transposition didactique*, França, La Pensée Sauvage Editions.

*Ferreiro, Emilia e Ana Teberosky (1979), *Los sistemas de escritura en el desarrollo del niño*. México, Siglo XXI.

*Ferreiro, Emilia (comp.) (1989). *Los hijos del analfabetismo*. México, Siglo XXI.

Graves, Donald (1991). *Didáctica de la escritura*, Madrid Ediciones Morata - Ministerio de Educación y Ciencia.

Hayes, John R, e Linda Flower (1986). "*Writing research and the Writer*", em *American Psychologist*, v. 41, n. 10, p. 1106-1113.

Hayes, J. R. e L. Flower (1994). "La teoría de la redacción como proceso cognitivo", em *Textos en Contexto*, Buenos Aires, Asociación Internacional de Lectura.

*Lerner, Delia e Alicia Pizani (1992). *El aprendizaje de la lengua escrita en la escuela*, Buenos Aires: Aique. (Edição original: Caracas, Kapelusz Venezolana, 1990.)

*McCormick Calkins, Lucy (1993). *Didáctica de la escritura en la escuela primaria y secundaria*. Buenos Aires, Aique.

Nemirovsky, Myriam e Irma Fuenlabrada (1988). *Formación de maestros e innovación didáctica*, México, DIE.

Nemirovsky, Myriam (1990). "Priorizar: un problema en la capacitación de maestros", palestra apresentada no Simpósio Nacional sobre processos de aquisição da língua escrita e da matemática, Universidad Pedagógica Nacional, Aguas Calientes, México.

Prévert, Jacques (1949). *Paroles*, França: Editions Gallimard.

Rockwell, Elsie (1982). "Los usos escolares de la lengua escrita", em E. Ferreiro e M. Gómez Palacio (comps.), *Nuevas perspectivas sobre los procesos de lectura y escritura*, México, Siglo XXI.

Scardamalia, M. e C. Bereiter (1992). "Dos modelos explicativos de los procesos de composición escrita", em *Infancia y Aprendizaje* n. 58, Madrid.

*Smith, Frank (1983), *Comprensión de la lectura*, México, Trillas.

Capítulo 3

Bronckart, J. P. e B. Schneuwly (1996). "La didáctica de la lengua materna: el nacimiento de una utopía indispensable", em *Textos de Didáctica de la Lengua y la Literatura*, n. 9, Barcelona.

Coll, César (1993). "Constructivismo e intervención educativa: ¿cómo enseñar lo que se ha de construir?", em Revista FLACSO.

Chevallard, Yves (1997). *La transposición didáctica*. Buenos Aires, Aique. (Publicação original em francês, 1985.)

Hébrard, Jean (1993). "L'autodidaxie exemplaire. Comment Valentin Jamerey-Duval apprit-il a lire?", em R. Chartier (coord.), Pratiques de lecture, Paris, Petite Bibliotheque Payot.

Lerner, D.; L. Lotito, E. Lorente, H. Levy, S. Lobello e N. Natale. *Documentos de Actualización Curricular en Lengua*, n. 2 (1996) e n. 4 (1997). Dirección de Curriculum - Sectetaria de Educación del Gobierno de la Ciudad de Buenos Aires.

Olson, David R. (1998). *El mundo sobre el papel*. Barcelona, Gedisa.

Pennac, Daniel (1993). *Como una novela*. Barcelona, Anagrama.

Verbitsky, Horacio (1997). "*Lilíada*", artigo publicado em *Página 12*, Buenos Aires, 23 de maio.

Capítulo 4

Brousseau, Guy (1986). "Fondements et méthodes de la didactique des mathématiques", em *Recherches en didactique des mathematiques*, Grenoble, La Pensée Sauvage Editions, v. 7, n. 2.

Castedo, Mirta L. (1995). "Construcción de lectores y escritores". *Lectura y vida*, año 16, n. 3.

Chevallard, Yves (1997). *La transposición didáctica*, Buenos Aires, Aique. (Publicação original em francês, 1985.)

Dubois, M. E. (1984). "Algunos interrogantes sobre la comprensión de la lectura". *Lectura y vida*, año 5, n. 4.
Ferreiro, Emilia (1994). "Diversidad y proceso de alfabetización: de la celebración a la toma de conciencia", em *Lectura y vida*, año 15, n. 3. In: Ferreiro, E. "Passado e presente dos verbos ler e escrever", Cortez, 2002.
Polidoro, Haydée e equipe da Escola n. 183 de La Matanza (1993). "¿Periódico escolarizado o periódico realizado en la escuela?", Provincia de Buenos Aires.
*Solé, Isabel (1993). *Estrategias de lectura*, Barcelona, Grao.

Capítulo 5

Brousseau, Guy (1986). "Fondements et méthodes de la didactique des mathématiques", em *Recherches en didactique des mathematiques*, Grenoble, La Pensée Sauvage, v. 7, n. 2.
*Brousseau, Guy (1988). "Los diferentes roles del maestro", em Parra, C., I. Saiz. (comps.), *Didáctica de matemáticas*. Buenos Aires, Paidós.
Castedo, Mirta L. (1991): "Trayectoria de una maestra del ejercicio a la escritura y de la palabra al texto", em *Lectura y vida*, Buenos Aires, año 12, n. 2.
Charolles, M.; S. Fisher e J. Jayez (1990). Le discours. Représentations et interprétations, Presses Universitaires de Nancy.
Douady, Régine (1986). "Jeux de cadres et dialectique outil-objet", em *Didáctica de matemáticas*, Grenoble, Editions La Pensée Sauvage.
Fayol, M. e B. Lété (1987). "Ponctuation et connecteurs: une approche textuelle et génétique", em PRATIQUES Metz.
*Ferreiro, E, e A. Teberosky (1979). *Los sistemas de escritura en el desarrollo del niño*, México, Siglo XXI Editores.
Goodman, Kenneth (1982). "El proceso de lectura: consideraciones a través de las lenguas y del desarrollo", em Ferreiro e Gómez Palacio (comps.), *Nuevas perspectivas en los procesos de lectura y escritura*. México, Siglo XXI Editores.
Halliday, MAK e R. Hassan (1976). *Cohesion in English*. Londres, Longman.
Hayes, J. e L. Flower (1986). "Writing Research and the writer", em *American Psychologist*, v. 41, n. 10.
Kaufman, A. M.; M. L. Castedo e M. C. Molinari (1991). *Algunas reflexiones sobre la transformación del rol del docente alfabetizador* (esquema preliminar para um trabalho ainda inédito).
Margolinas, Claire (1992). "Éléments pour l'analyse du role du maêtre: les phases de conclusion", em *Recherches en didactiques des mathematiques*, v. 12/1, Grenoble, Editions La Pensée Sauvage.
Robert, A. e R. Douady (1991). "Questions sur la formation, sur l'observation en formation" (texto apresentado na Escola de Verão em agosto).
*Smith, Frank (1983). *Comprensión de la lectura*. Trillas, México.
Van Dijk, Teun A. (1980): *Texto y contexto*, Madri, Cátedra. (1983), *La ciencia del texto*, Barcelona, Paidós Comunicación.

*Livros editados em língua portuguesa pela Artmed Editora.